호레카(HoReCa) 속의
Afternoon Tea
호레카 속의 애프터눈 티

EIKOKUSHIKI AFTERNOON TEA NO SEKAI: KOKUNAI NO TEA PLACE WO TAZUNETE SAGURU, SHINSHISHUKUJYO NO YUGA NA SHUKAN by Riko Fujieda
Copyright © 2021 Riko Fujieda
All rights reserved.
Original Japanese edition published by Seibundo Shinkosha Publishing Co., Ltd.

This Korean edition is published by arrangement with Seibundo Shinkosha Publishing Co., Ltd., Tokyo in care of Tuttle-Mori Agency, Inc., Tokyo through Eric Yang Agency, Seoul.

촬영 | 山下コウ太, 石川奈都子, 디자인 / 田山円佳(スタジオダンク)
일러스트 | おぐらきょうこ, 교정 / K's office
촬영 협력 | 英国アンティーク Rose Cottage, 池田香織
기획·취재·편집 | 斯波朝子(オフィスCuddle)

호레카(HoReCa) 속의
Afternoon Tea
호레카 속의 애프터눈 티

영국식 애프터눈 티 문화가
호레카(HoReCa) 산업과 융합되면서
탄생한 '애프터눈 티'의 트렌드 스토리!

지은이 후지에다 리코(藤枝理子)
감수 정승호

Prologue 1

"오감으로 즐기는 생활 예술, '애프터눈 티의 신세계'에 오신 것을 환영한다!"

애프터눈 티(Afternoon Tea). 그 말만으로도 가슴이 두근거리고 마음이 설레어 티의 세계로 이끌린다. 마치 마법과도 같은 말이다. 애프터눈 티에 대한 오늘날 동양에서의 인기는 홍차의 나라인 영국에서도 놀랄 정도이다.

왜 동양 사람들이 이렇게도 애프터눈 티에 마음이 끌리는 것일까? 그 이유 중 하나는 영국의 애프터눈 티와 동양의 다도에는 서로 통하는 '차(茶)의 정신'이 배경으로 깔려 있기 때문은 아닐까.

동양에서 '종합 예술'이라고도 부르는 다도 문화. 그것은 차를 단순히 마시는 일을 넘어서 실내 예절과 다기, 다식, 꽃꽂이, 서예, 장식, 역사, 선(禪)에 이르기까지 폭넓은 분야를 배워서 자기의 품성을 갈고 닦아 고양하려는 숭고한 '길'이다.

애프터눈 티도 사실은 이와 같다. 소위 '영국풍의 다도'이다. 단순히 맛있는 홍차와 별미를 맛보는 차원이 아니라 도자기와 은그릇, 나이프·포크류와 리넨 테이블보, 세간 용품의 장식, 회화, 정원, 음악까지 모든 것을 종합적으로 아울러 '오감으로 즐기는 생활 예술'이다.

'동양의 다도 문화와 영국의 애프터눈 티'. 이 둘은 한 잔의 차를 그저 음료로 바라보는 것이 아니라 그 배경에 있는 정신적인 세계로까지 눈을 돌려 문화적으로 승화시켰다는 점에서 공통점이 있다. 그래서 동양인들조차도 오늘날 이렇게 애프터눈 티에 마음이 끌리는 것은 아닐지.

많은 동양인이 취미로 다도를 즐기고 있지만, 다도 연습을 통해 하나같이 느끼는 점은 다도와 차가 어우러져 내는 묘미가 직접 경험해 보지 않고서는 알 수 없는 장대한 수수께끼에 놓여 있다는 것이다.

동양의 다도에서 주인이 족자와 꽃, 다기, 다과를 준비하는 가운데 손님은 오늘은 어떤 차 모임이 될지 궁금증을 하나씩 하나씩 풀어가는 사이에 차 모임의 취향도 서서히 윤곽이 드러난다. 그 궁금증을 푸는 데는 손님들도 물론 차에 대한 기본 지식이 필요하다.

애프터눈 티도 마찬가지이다. 오감을 잘 곤두세워 홍차와 과자, 실내 디자인과 가구, 건축 양식, 찻잔 세트와 은그릇 등을 접하고 주인이 짓고 있는 스토리텔링을 직접 보고 맛을 보며 느끼는 '고품격의 호화로운 경험'인 것이다. 그것을 충분히 경험하기 위해서는 역시 손님도 티 문화에 대한 지식이 필요하다.

이 책에서는 소소한 팁들을 상당히 많이 소개한다. 애프터눈 티에 대하여 사람들이 보통은 잘 안다고 하지만 실은 잘 모르는 것들, 또는 잘못 알고 있는 역사와 비밀, 에피소드, 그리고 신사 숙녀라면 반드시 알아야 할 예의와 환대 의식 등에 대한 제반 지식을 다각적으로 소개한다.

이 책은 이러한 기본 지식들로 마음속에 채비를 다한 뒤 실제로 '설렘의 시간'을 경험할 수 있는 명소들도 소개하는데, 여기서는 일본의 티 명소들을 중심으로 소개한다. 아울러 초일류 호텔의 셰프와 유명 티룸의 티 전문가들이 특별히 밝힌 비장의 레시피도 소개한다.

한마디로 이 책은 애프터눈 티의 명소에 대하여 사전에 알고 찾아가 완벽하게 즐길 수 있도록 기획한 가이드 북이다. '가슴이 두근거리는 애프터눈 티의 세계'로 향하는 첫 장을 열어 보길 바란다.

후지에다 리코(藤枝理子)

Prologue 2

호텔, 티룸 등 호레카(HoReCa) 속
최신 애프터눈 티의 세계로 여러분을 초대합니다!

오늘날 영국 문화의 대표적인 아이콘인 '애프터눈 티'는 젊은 세대들을 중심으로 확산하고 있는 웰니스 트렌드와 함께 맞물려 호스피탈리티, 페이스트리 업계에서 그 시장이 해마다 성장하고 있습니다.

호스피탈리티 업계에서는 이미 5성급 호텔을 중심으로 '호텔 애프터눈 티(Hotel Afternoon Tea)'로, 지역의 명소인 카페나 티숍에서는 '티룸 애프터눈 티(Tearoom Afternoon Tea)'의 형태로 독자적으로 발전하고 있고, 페이스트리 업계에서는 애프터눈 티의 3단 스탠드에 놓이는 별미인 스콘, 샌드위치, 케이크류와 관련하여 비건(Vegan), 베지테리언(Vegetarian), 글루텐 프리(Gluten-Free), 할랄(Halal), 키즈(Kids)와 결부해 페이스트리 레시피를 끊임없이 개발하고 있는 추세입니다.

이와 같은 새로운 트렌드에 대해 최근 영국의 베이커리 전문 매체인 〈브리티시 베이커(British Baker)〉에서는 복고풍의 트렌드도 인기가 높지만, 정통 스타일에서 벗어나는 페이스트리의 수요도 전체 애프터눈 티 페이스트리 시장의 약 20%를 차지하고 있다고 소개하고 있습니다.

이러한 트렌드 속에서 한국티소믈리에연구원에서는 영국식 애프터눈 티가 차를 좋아하는 일본으로 건너가 일본 다도(茶道), 호스피탈리티 문화와 융합되면서 탄생한 '호텔 애프터눈 티', '티룸 애프터눈 티'의 이야기를 담은 『호레카 속의 애프터눈 티』를 출간합니다.

이 책에서는 영국식 애프터눈 티가 일본으로 전해져 새로운 형태로 발전된 '일본 애프터눈 티의 역사'와 함께 도쿄, 교토, 오사카의 5성급 호텔 중에서도 최고의 '호텔 애프터눈 티' 서비스를 선보이는 9곳의 명소와 '티룸 애프터눈 티' 서비스로 지역의 관광 명소로 자리를 잡은 8

곳의 티룸(카페)을 직접 탐방해 그간 알려지지 않았던 재밌는 에피소드를 소개합니다.

각 호텔, 티룸 명소에서 애프터눈 티 서비스의 출시에 앞서 3단 스탠드에 올리는 페이스트리의 레시피 개발을 위한 호텔 셰프의 힘겨운 노력과 티룸 창업자의 선구적인 뒷이야기들도 소개하고 있어 큰 눈길을 끕니다.

이와 함께 영국 정통 애프터눈 티의 시대적 사조인 '퀸 앤 스타일(Queen Ann Style)', '조지 스타일(Georgian Style)', '빅토리아 스타일(Victorian Style)' 세 양식의 탄생 비화와 함께 애프터눈 티에 참석하는 신사 숙녀가 갖추어야 할 기본 예의와 드레스 코드(Dress Cord), 티룸의 실내 양식과 건축기, 티 테이블웨어(Tea Tableware)의 세부적인 상식들도 함께 소개하고 있어 애프터눈 티어 대한 이해를 한층 더 풍성하게 돕고 있습니다.

이 책은 세계 각지로 전파된 영국 정통 스타일의 애프터눈 티를 비롯하여 최근 호스피탈러티 산업과 융합되어 탄생한 '호텔 애프터눈 티', '티룸 애프터눈 티' 등 최신 애프터눈 티의 트렌드 양식에 대하여 독자 여러분께 폭넓은 이해를 안겨 줄 것으로 기대합니다.

정승호 박사
사단법인 한국티협회 회장
한국티소믈리에연구원 원장

Contents

	프롤로그 1 – 후지에다 리코	4
	프롤로그 2 – 정승호	6

제1장 '호텔 애프터눈 티'를 즐기는 방법

- **애프터눈 티 탄생의 비화** — 20
  - 발단은 귀족 부인의 '공복'에서부터 — 20
  - 비밀스러운 티타임에서 여성의 사교장으로! — 20
  - 애프터눈 티를 발상한 그 귀족 부인을 어디서 보았더라?! — 20
  - 시대의 인플루언서, 빅토리아 여왕으로부터 애프터눈 티가 대유행! — 22
  - '호텔 애프터눈 티'의 등장 — 23
  - 애프터눈 티의 정통 드레스 코드 — 23
  - 현대의 드레스 코드는? — 24

- **칼럼** 작가의 영국 홍차 유학 체험기. — 25
  - "리츠 런던 호텔에서 애프터눈 티를 우선 마셔 보아요!"

- **탐방** '리츠 칼튼 오사카(The Ritz Carlton Osaka)'에서 영국 정통 애프터눈 티를! — 26
  - 영국 귀족 저택의 스타일을 그대로 재현 — 26
  - 로비 라운지로 향하기 전에 — 26
  - 반드시 살펴보아야 할 차이나 캐비닛의 도자기 컬렉션 — 27
  - 한껏 즐기고 싶은 건축 미학과 모티브 — 29
  - 실내 장식은 영국 귀족 취향의 스타일 그대로! — 29
  - 로비 라운지의 메뉴, 「웰컴 투 웨지우드 애프터눈 티」 — 31
  - 리츠 칼튼 오사카의 초대 레시피 특별 공개 – 플레인 스콘 — 32
  - 플레인 스콘보다 더 단 과자에 가까운 레시피 – 건포도 스콘 — 33
  - 스콘 레시피의 여담 – 리츠 칼튼 오사카 호텔 — 33

- **홍차의 기원과 애프터눈 티의 탄생** — 34
  - 티의 기원은 중국! — 34
  - 선박에서 운송 중인 녹차가 발효되어 홍차가 되었다는 이야기는 사실인가? — 34
  - 중국에서 일본으로 전해진 티! — 35
  - 일본 홍차 역사의 전환기 — 35
  - 버블 경제 시대에 트렌드로 뜬 '애프터눈 티' — 36

- **탐방** 호텔 진잔소(椿山莊) 도쿄, 도쿄 최초 '호텔 애프터눈 티'의 탄생지를 방문하다! — 37
  - 유행에 민감한 여성들이 앞서 몰려들다! — 37
  - 개업 당시의 셰프에게 전해 들은 '호텔 애프터눈 티'의 시작 — 37
  - 겉은 바삭하지만, 속은 부드러운 식감의 영국 정통 스타일 스콘 – 플레인 스콘 — 40
  - 홍차 여담 – 호텔 진잔소 도쿄 — 41
  - 르 자르댕(로비 라운지)의 메뉴, 「애프터눈 티」 — 41

- **영국식 호텔 애프터눈 티에는 왜 프랑스 과자가 정통 스타일인가?** — 42
  - 티 파티는 '차회(茶会)', 티 세리머니는 '차사(茶事)' — 42
  - 출중한 솜씨의 드랑스인 셰프는 최고의 스카우트 대상! — 43

- **탐방** 리츠 칼튼 교토(The Ritz Carlton Kyoto), 피에르 에르메 파리의 셰프가 선보이는 교토의 애프터눈 티! — 45
  - 교토풍을 느끼면서 영국 귀족이 동경한 애프터눈 티도?! — 45
  - 피에르 에르메 다리의 셰프가 선보이는 수백 종의 레시피와 실렉션! — 46
  - 오감을 사용해 향기를 '듣다'?! — 47
  - 또 하나의 향, '홍차'를 즐기고 싶다면? — 47

- 피에르 에르메 파리의 레시피로 만드는 '캐러멜 초콜릿 스콘'　　48
- 스콘 여담 – 리츠 칼튼 교토　　49
- 로비 라운지의 메뉴, 「애프터눈 티」　　49

• **애프터눈 티의 본질은 '생활 예술'의 탐닉!**　　50
- '생활 예술'이란?　　50
- 생활 예술의 기본을 구축하는 '격식미'　　50
- 애프터눈 티와 오감의 관계　　51

• **영국식 애프터눈 티의 시대별 세 가지 양식!**　　52
- 퀸 앤 양식(Queen Anne Style)　　52
- 조지 양식(Georgian Style)　　53
- 빅토리아 양식(Victorian Style)　　53

탐방　초라쿠칸(長樂館), 동경(憧憬)의 응접실에서　　54
　　　　오감을 통해 특별한 순간을 만나다!
- 응접실에서 감탄하는 이유는?　　54
- 오감을 완전히 동원하는 새로운 애프터눈 티 가이드!　　56
- 건물 정면 입구인 '파사드'의 섬세한 양식!　　57
- 빅토리아 시대 로코코 양식의 응접실　　57
- 다도와 애프터눈 티의 미의식에 대한 차이점　　58
- 애프터눈 티의 최절정은 '테이블 예술'!　　59
- '헤렌드'가 창조한 세계!　　59
- 공간 전체의 상세한 탐미가 중요!　　60
- 강력분 100%! 탄력 있게 촉촉이 부푼 플레인 스콘과 크랜베리 스콘　　61
- 영빈실의 메뉴, 「애프터눈 티 세트」　　61

• **홍차와 티 푸드의 페어링**　　62
- 와인을 고르듯 홍차도 신중하게 선택해야!　　62
- '향'의 페어링도 중요!　　63
- 훈연향의 정산소종/랍상소총　　63

탐방　파크 하얏트 도쿄(Park Hyatt Tokyo), '오랑제리'를　　64
　　　　연상시키는 천상의 낙원에서 티타임을!

- '플래터 서비스'는 영국 정통 스타일 　　　　　　　　　　　　64
- 홍차에 맞춰 티 푸드를 선택해야!　　　　　　　　　　　　　65
- 초대 셰프의 레시피를 소중히 계승한 '플레인 스콘'　　　　　66
- 피크 라운지의 메뉴 「시그니처 애프터눈 티」　　　　　　　　66

칼럼 파크 하얏트 도쿄 호텔·나카자와유업의　　　　　　67
　　　 이종 컬래버레이션, '고형크림 개발의 비화!'

• 차노유(茶の湯)와 애프터눈 티　　　　　　　　　　　　　　68
- 동양에서 전래된 신비에 싸인 티(Tea)!　　　　　　　　　　　68
- 시누아즈리 룸의 티 모임이 대유행이 되다!　　　　　　　　　68
- 영국 귀족이 매료된 다도와 문화　　　　　　　　　　　　　　69
- 자포니즘으로 연결된 '차노유'와 '애프터눈 티'　　　　　　　69

탐방 팰리스 호텔 도쿄(Palace Hotel Tokyo), 영국 귀족이　71
　　　 동경한 자포니즘과 서양풍을 절충한 티 모임!
- 자포니즘의 티 모임에서 기모노 차림의 티 가운이 최신 유행　71
- 찬합 스타일 애프터눈 티의 기원지, 팰리스 호텔 도쿄　　　　71
- 다용도 수납으로 셰프의 애장품이 된 찬합　　　　　　　　　72
- 찬합에 딱 맞춘 사각형에 산뜻한 맛! 초콜릿 스콘과 바나나 스콘　73
- 팰리스 라운지의 메뉴, 「계절 애프터눈 티」　　　　　　　　　73

• 당신은 연수파? 경수파?　　　　　　　　　　　　　　　　　74
- 같은 티라도 영국과 일본에서는 맛이 서로 다르다?!　　　　　74
- 영국 홍차 마니아들의 노하우는?　　　　　　　　　　　　　74
- 수질에 따라 블렌딩을 달리한 '홍차 왕', 토머스 립턴!　　　　75

탐방 콘래드 오사카 호텔(Conrad Osaka Hotel),　　　　76
　　　 연수에 맞는 플레이버드 티, 「TWG 티」를 맛보다!
- 홍차 향의 메커니즘　　　　　　　　　　　　　　　　　　　76
- 인위적으로 향을 가한 '가향차'　　　　　　　　　　　　　　76
- 프랑스류의 착향료를 가한 플레이버드 티　　　　　　　　　77
- TWG 티가 사랑을 받는 이유는?　　　　　　　　　　　　　77
- 셰프의 비장 레시피를 특별 대공개! '바이올렛 앤 얼그레이 스콘'　78

- 스콘 여담 – 콘래드 오사카 호텔　　　　　　　　　　　　　　　79
- 40 스카이 바 & 라운지의 메뉴, 「오사카 스파이럴 애프터눈 티」　79

• 버틀러와 애프터눈 티　　　　　　　　　　　　　　　　　　　80
- 주역은 '마담', 배후의 중심인물은 '버틀러'!　　　　　　　　　80
- 훌륭한 집사는 '휴민트'를 가동해 세상사까지 꿰뚫어!　　　　　80
- 애프터눈 티는 저택의 대형 이벤트　　　　　　　　　　　　　81

탐방　임페리얼 호텔 도쿄(Imperial Hotel, Tokyo), 전통과　　　82
　　　격식을 갖춘 집사와 함께 하는 애프터눈 티!
- 5분 만에 완판되는 인기 대박의 기획 상품　　　　　　　　　82
- 영국 대사관에서 환대 기술을 익힌 집사!　　　　　　　　　　82

• 「버틀러 애프터눈 티(Butler Afternoon Tea)」의 체험기　　　　　83

• 계층에 따라 다른 티 매너　　　　　　　　　　　　　　　　　86
- 매너에는 짓궂은 면도 있다?!　　　　　　　　　　　　　　　86
- '사람', '책'에 따라서 다른 티 매너!　　　　　　　　　　　　　86
- 계층에 따른 '매너의 차이'는 '다도의 유파'에 해당　　　　　　87
- 티 매너를 몸에 익히는 의미　　　　　　　　　　　　　　　　87
- 매너는 곧 상대에 대한 배려이다!　　　　　　　　　　　　　87
- 영국 대사관의 레시피를 선보이는 정통파! 플레인 스콘　　　88
- 홍차 여담 – 임페리얼 호텔 도쿄　　　　　　　　　　　　　88
- 오직 연 1회 개최되는 영국 페어, '영국의 맛(A Taste of Britain)'　89
- 임페리얼 라운지 아쿠아의 메뉴, 「버틀러 애프터눈 티」　　　　89

• '가든 애프터눈 티'는 영국 최고의 환대 문화!　　　　　　　　90
- 영국식 정원의 뿌리는?　　　　　　　　　　　　　　　　　　90
- 일본식 정원과 영국식 정원의 관계　　　　　　　　　　　　91
- 영국의 정원사로부터 배운 소중한 산지식!　　　　　　　　　92

탐방　루제 빌라(RUZE Villa), 머물러 즐기고 싶은　　　　　　93
　　　'가든 애프터눈 티'
- 정원을 감상하면서 최고로 행복한 순간　　　　　　　　　　93

- 큰 창문을 '액자'로 보다?! 93
- 호반의 특등석에서 즐기는 피크닉 티! 94
- 애프터눈 티 여담 – 루제 빌라 96
- 라운지의 메뉴, 「애프터눈 티」 96

• 의외로 알려지지 않은 스콘의 역사 97
- 초기 애프터눈 티에는 스콘이 없었다! 97
- 스콘의 기원은 스코틀랜드, 이름의 유래는 '운명의 돌' 97
- 각 가정마다 레시피가 있는 스콘! 98
- 호텔과 티룸에서 스콘의 차이는? 99

제2장 '티룸 애프터눈 티'의 매력!

탐방 타이니 토리아 애프터눈 티 앤 카페(Tiny Toria Afternoon Tea & Cafe), 행복감을 주는 꿈같은 티룸을 오픈! 102
- 도쿄의 번화가 - 영국 시골 마을의 분위기 102
- 반 평의 주방에서 시작한 티룸! 103
- 어떻게 살아가고 싶은지를 고민하던 시기에… 103
- 티룸에서 펼쳐지는 '행복한 교류' 104
- 어린 손님과의 여담 – 타이니 토리아 티룸 105
- 타이니 토리아 티룸의 메뉴, 「애프터눈 티」 105

• 작은 주방에서 탄생하는 오리지널 홍차 블렌드 106
- 찻잎에 스트레스를 주지 않으려는 조심스러운 블렌딩 106
- 특별 환대를 뜻하는 '오리지널 홍차 블렌드' 107
- 고전적 디저트, '바노피 파이(Banoffee Pie)' 108

탐방 베리스 티룸(Berry's Tea Room), 29세에 티룸을 연 여성 청년 사업가의 도전기! 110

13

- 티룸에도 새로운 바람이 일고 있다! 110
- 취미로 배운다는 동기가 20대의 창업으로 이어져 110
- 뛰어난 기획력의 크럼핏이 공전의 히트를 치다! 111
- 위기를 기회로! 창업가로서의 도전은 계속된다 112
- 히트 상품 여담 – 베리스 티룸 113
- 베리스 티룸의 메뉴 「애프터눈 티」 113

• **애프터눈 티 팬들을 뒤흔든 주리스 티룸!** 114
- 코츠월즈의 풍취가 훌륭한 건물 115

탐방 **주리스 티룸(Juri's Tea Room), 주리스 티룸이** 116
일본에 문을 연 뒷이야기
- 티룸에서 차지한 '어머니의 자리' 116
- 전환기가 된 '영국 페어' 116
- 일본 백화점 내에서 매장 출점 117
- 빅토리아 여왕이 좋아한 영국 전통 케이크! '빅토리아 샌드위치 케이크' 118
- 케이크 여담 – 주리스 티룸 119
- 주리스 티룸의 메뉴 「풀 애프터눈 티」 119

탐방 **홍차 전문점 – 티즈 린안(TEAS Liyn-an), 홍차를** 120
좋아한다면 반드시 방문하고 싶은 성지, 홍차 티룸의
챔피언!
- 물과 주전자에 달린 홍차의 맛! 120
- 맛차 문화와 다방 문화의 고장에서 큰 영향을 받아 121
- 안테나 기업의 엔지니어가 티룸의 사장으로 122
- 애프터눈 티와 운명적인 만남! 123
- 지역 활성화에 기여한 '홍차의 챔피언'! 123
- 홍차 챔피언이 알려주는, 우승을 차지한 그 홍차를 우리는 방법! 125
- 홍차 챔피언의 꿀팁, 맛있는 홍차의 비밀! 126
- 설탕을 전혀 사용하지 않는 레시피 – 플레인 스콘 128
- 티 테이블웨어 여담 – 티즈 린안 129
- 티즈 린안의 메뉴 「애프터눈 티」 129

• **영국의 귀족과 '이마리'에 깃든 찻잔 이야기** 130

- 찻잔 세트의 기원은 동양! 130
- 시누아즈리와 이마리의 열풍 130
- '자기병'에 걸린 귀족들로 인하여 마침내 '모조품'까지 등장! 131
- 독일 '마이센사'의 탄생과 영국제 '본차이나' 131

탐방 로열 크리스털 카페(Royal Crystal Cafe), 133
앤티크 찻잔으로 홍차를 선보이는 티룸

- 아르누보 양식이 돋보이는 살롱 스타일의 카페 133
- 애프터눈 티 애호가들이 꿈에 그리는 티룸! 133
- 앤티크 찻잔 수집고 운명적인 만남 134
- '사람의 마음을 밝게', 그것이 늘 일하는 목적! 134
- 찻잔 세트 컬렉션 – 로열 크리스털 카페 136
- 백 스탬프 이야기 136
- 회장의 꿈 이야기 – 로열 크리스털 카페 137
- 로열 크리스털 카피의 메뉴, 「애프터눈 티 세트」 137

• 자연으로 둘러싸인 전원 지역의 티룸은 영국 본래의 풍경 138

탐방 드림턴 빌리지(Dreamton Village), 교토의 깊은 139
산속에 홀연히 나타나는 영국의 시골 같은 마을!

- 소비를 끊임없이 촉진하는 제조업에 회의감을 품고 139
  새로운 무엇인가를 찾아 나서다!
- '영국 마을'을 세운 여성 주인공 140
- 교토 가메오카의 산속에 마을을 조성한 이유는? 141
- 이곳을 방문해 울음을 터뜨린 영국인 142
- 스콘 여담 – 드림턴 빌리지 143
- 폰트 오크 티룸 레스토랑의 메뉴, 「애프터눈 티 세트」 143

• 컨서버토리에서의 홍차, 영국인이 동경하는 친숙한 스타일! 144
- '집'과 '정원'을 잇는 유리 온실 144

탐방 사쿠라 대너 하우스(佐倉 Manor House), 146
컨서버토리에서 애프터눈 티를 즐길 수 있는
언덕 위의 티룸

- 비밀로 간직하고 싶은 '작은 영국'　　　　　　　　　　　　146
- 영국에서 돌아온 손님이 키워 준 티룸!　　　　　　　　　147
- 벽난로를 둔 상점에서의 즐거운 쇼핑　　　　　　　　　　148
- 마멀레이드 여담 – 사쿠라 매너 하우스　　　　　　　　150
- 사쿠라 매너 하우스의 메뉴, 「애프터눈 티」　　　　　　　150

탐방 스리 티어서(Three Tiers), 애프터눈 티의 새로운 형태, 　151
유명 호스트가 대접하는 티 살롱
- 잡지 편집장에서 티 살롱의 주인으로!　　　　　　　　　151
- '신타쿠 스타일'이 발휘된, 19세기의 티 세리머니　　　　152
- 일생에 단 한 번 만나는 인연, 애프터눈 티!　　　　　　　154
- 접객의 진수는 역시 '호스피탈러티'　　　　　　　　　　154
- 신사 숙녀를 위한 격조 높은 경험의 장소!　　　　　　　　155
- 고형크림 여담 – 스리 티어스　　　　　　　　　　　　　156
- 스리 티어스의 메뉴, 「애프터눈 티」　　　　　　　　　　156
- 스리 티어스의 특제, 「오이 샌드위치」　　　　　　　　　　157
- 스리 티어스의 메뉴, 「레몬 드리즐 케이크」　　　　　　　158

• 19세기 빅토리아 시대의 애프터눈 티 메뉴를 재현　　　　160
- 공작에게 보낸 편지　　　　　　　　　　　　　　　　　160
- 19세기 애프터눈 티의 재현 메뉴　　　　　　　　　　　　161
- 샌드위치　　　　　　　　　　　　　　　　　　　　　　162
- 스콘　　　　　　　　　　　　　　　　　　　　　　　　163
- 중산층이 동경한 애프터눈 티　　　　　　　　　　　　　163
- 페이스트리　　　　　　　　　　　　　　　　　　　　　164
- 동경한 빅토리아 시대 티의 재현　　　　　　　　　　　　164
- 옛 방식을 추구하다!　　　　　　　　　　　　　　　　　165
- 비스킷　　　　　　　　　　　　　　　　　　　　　　　166
- 빅토리아 시대 고서에서 배우는 전통과 세련미　　　　　166

제 *1* 장
'호텔 애프터눈 티'를 즐기는 방법

  제1장에서는 '호텔 애프터눈 티'의 세계로 안내한다. 영국식 애프터눈 티를 말하자면, 호텔에 가서 3단 트레이에 놓인 홍차와 티 푸드를 즐기는 것이 정통 스타일로 생각하는 분이 많을 것이다. 그런데 이 호텔 애프터눈 티의 스타일이 확립된 것은 20세기에 들어서부터이다.
  19세기 영국의 어느 귀족 부인이 고안하여 한순간에 널리 퍼진 애프터눈 티의 스타일을 호텔 양식으로 재현한 것이다. 여기서는 빅토리아 시대의 전통적인 색채가 강하게 남아 있는 영국 정통 애프터눈 티에 대한 흥미로운 이야기를 소개한다.

 제1장 '호텔 애프터눈 티'를 즐기는 방법

애프터눈 티 탄생의 비화

발단은 귀족 부인의 '공복'에서부터

애프터눈 티는 19세기 빅토리아 시대인 영국에서 탄생하였다. 7대양을 지배해 '대영제국(British Empire)'으로 불리며 최고로 번성하였던 시대, '워번 애비(Woburn Abbey)'의 저택에 사는 한 귀족 부인의 '공복'에서 시작된 것이다. 그 여성의 이름은 애나 마리아(Anna Maria Stanhope, 1783~1857). 제7대 베드퍼드(Bedford) 공작부인이라는 칭호를 가진 명문 귀족이다.

1840년 무렵, 당시 귀족층의 식사는 1일 2회가 관례였다. 브렉퍼스트를 늦게 먹고 나면 밤 8시 이후에 시작하는 디너 때까지 아무것도 먹지 않았다. 더욱이 당시 여성은 '날씬하고 허리가 가늘수록 매력적인 몸매'라고 생각해 코르셋으로 몸을 꽁꽁 묶어 조이고 무거운 드레스를 입고 다녔다. 오후 4시경이 되면 배고픔과 코르셋의 답답함 때문에 '기분이 우울해진다'는 소리를 하던 애나 마리아. 그리하여 떠올린 것이 '비밀리에 혼자 갖는 티타임'이었다. 하녀에게 홍차와 빵을 침실로 가져오도록 명한 뒤 느긋한 시간을 보냈던 것이다.

비밀스러운 티타임에서 여성의 사교장으로

사교적이었던 애나 마리아는 이 우아한 시간에 친구들을 초대하였다. 캐노피 침대를 둘러싸는 듯이 한 사람 한 사람 손님이 늘어나자 자그마한 티 테이블에 테이블보를 깔고 마음에 드는 은제 티포트를 보기에도 예쁘게 놓은 뒤 홍차와 함께 손가락으로 집어 먹을 수 있는 프랑스 쿠키류인 프티 푸르(petit four)를 선보였다. 그러자 손님들과의 대화도 활기에 차면서 편안한 만남의 시간도 점점 더 길어져 갔다.

한편, 애나 마리아의 남편인 제7대 베드퍼드 공작, 프랜시스 러셀(Francis Russell, 1788~1861)은 정치인이었기 때문에 저택에는 방문객의 발길이 끊이지 않았다. 공작이 남성 손님들을 데리고 숲에서 사냥과 사격의 재미에 한창 빠져 있는 동안에 애나 마리아는 그 부인들을 살롱(여자 손님들을 환대하는 응접실)으로 불러들여 디너를 시작하기 전까지 티타임으로 대접하고, 마침내 이것이 화려한 사교장으로 발전해 나간 것이다.

애프터눈 티가 처음 탄생한 장소인 '살롱'은 지금껏지도 워번 애비 저택에 보존되어 있다. / 출처 : 〈워번 애비 공식 가이드 북〉

그 뒤 언제부터인가 애나 마리아가 대접한 오후의 티타임이 '애프터눈 티(Afternoon Tea)'로 불리게 된 것이다.

애프터눈 티를 발상한 그 귀족 부인을 어디서 보았더라?!

애프터눈 티를 처음으로 발상한 귀족 부인인 제7대 베드포드 공작부인 애나 마리아. 그녀를 아마도 어딘가에서 한 번쯤은 본 적이 있을 것이다. 어디였을까? 곰곰이 생각해 보길 바란다.

정답은 '페트병'! '기린 오후의 홍차' 라벨에는 커다란 챙이 달린 모자를 쓴 귀족 부인의 그림이 그려져 있다. 이 그림의 주인공이 애나 마리아이다. '오후의 홍차', '애프터눈 티'를 생각해 낸 여성을 상징 디자인으로 사용한 것이다.

기린 베버리지 주식회사(Kirin Beverage Corporation)가 1986년에 판매한 스테디셀러 상품. '기린 오후의 홍차'. 라벨에 그려진 귀족 부인이 애프터눈 티를 생각해 낸 애나 마리아이다.

시대의 인플루언서 빅토리아 여왕으로부터 애프터눈 티가 대유행!

19세기 중반, 애나 마리아가 생각해 내어 귀족들 사이에 퍼진 애프터눈 티. 그 우아한 습관은 특권 계층을 중심으로 한 일부 커뮤니티에서 행해졌다. 그것을 세상에 알린 사람은 다름 아닌 빅토리아 여왕(Queen Victoria, 1819~1901)이다.

애나 마리아는 빅토리아 여왕이 18세로 즉위하였을 당시 영국 왕실의 시녀(lady-in-waiting)로 일하고 있었다. 궁정에서 일하는 시녀(궁녀)로 선발되는 것은 당시 귀족 사회에서도 대단히 영예로운 일이었다.

그런데 1841년 한창 신혼이던 빅토리아 여왕과 앨버트 공(Prince Albert of Saxe-Coburg and Gotha, 1819~1861)은 애나 마리아가 지내는 워번 애비 저택을 방문하였다. 거기서 대접을 받은 '애프터눈 티'에 깊은 감명을 받고 여왕은 신혼 생활에서도 오후에 티를 마시는 습관을 가졌다.

이윽고 왕실 주최의 행사로도 티 모임이 열리게 되자, 그때까지 베일에 싸여 있던 귀족 부인들의 우아한 관습인 '애프터눈 티'의 모습이 밝혀지면서 계층을 초월해 퍼져나갔던 것이다.

그러한 가운데 당시 급속히 대두된 '중산층'은 이 상류층의 상징일 수 있는 애프터눈 티의 세계에 빠져들었다. 이 신흥 계층의 여성들은 비록 귀족 칭호는 갖지 못했지만, 산업혁

명을 통해 경제력을 갖추고 있었기에 귀족층과 같은 호사스러운 생활을 동경하였다.

아름다운 정원이 딸린 저택과 은제 티 세트는 수중에 넣었지만, 티 파티를 여는 기술은 아직 갖지 못하였다. 그리하여 의지한 것이 책이었다. 『상류층의 정식 티타임 에티켓이란?』, 『홍차를 맛있게 내리는 핵심 방법』 등을 특집으로 꾸민 책들이 날개 돋친 듯이 팔렸다고 한다. 그러한 책들을 열중해 읽고서 애프터눈 티의 모방에 직접 나선 것이다.

'호텔 애프터눈 티'의 등장

빅토리아 시대 후기, 그 동경의 스타일을 재현해 도입한 곳이 런던의 호텔들이다. 호화스러운 저택과 여러 하인을 쓰는 대신에 호텔로 가면 예쁜 찻잔 세트를 보면서 시중을 드는 사람으로부터 애프터눈 티의 극진한 서비스를 받을 수 있게 된 것이다.

20세기로 들어서면서 오늘날 우리가 알고 있는 은제 3단 트레이에 샌드위치, 스콘, 페이스트리가 진열된 애프터눈 티 스타일이 탄생한다. 누구나 쉽게 '귀족 부인의 티타임'을 즐길 수 있는 '호텔 애프터눈 티'는 순식간에 큰 인기를 얻었다. 그중에서 '한 번은 가 보고 싶은, 동경의 티 명소로 불리는 호텔이 '리츠 런던(The Ritz London)'이다.

애프터눈 티의 정통 드레스 코드

동경하는 리츠 런던 호텔에 들어가기 위해서는 손님에게도 신사 숙녀로서의 품격이 요구된다. 그런 품격을 요구하는 자리에는 신경을 써야 하는 것이 '드레스 코드(dress code)'(옷차림 규정)이다.

애프터눈 티가 탄생한 초기부터 정식적인 티 모임에는 이미 요구되는 드레스 코드가 있었다. 귀족 부인이 티 가운을 입고 공관을 방문할 때는 세 가지의 신기라고 할 수 있는 '모자', '장갑', '파라솔'을 갖추는 것이 상류층의 지표였다.

현대의 드레스 코드는?

옷차림은 매우 중요한 예의이지만 시대에 따라 변화한다. 21세기의 현재 드레스 코드는 캐주얼화하는 경향이다. 왕실 주최의 티 가든 파티 등 특별한 자리에서는 남성은 '모닝 코트(morning coat)'에 '실크 해트(silk hat)', 여성은 '애프터눈 드레스(afternoon dress)'에 '모자'라는 드레스 코드가 요구되지만, 호텔 애프터눈 티에서는 특별한 드레스 코드가 없는 것이 대부분이다. 물론 예외도 있다.

그렇다 하더라도 격식 있는 호텔에 간다면 때와 장소에 맞춰 맵시 있고 우아한 옷차림을 갖추면 더욱더 훌륭할 것이다. 남녀 모두의 품격을 결정적으로 좌우하는 것은 '신발'이다. 여성은 힐이 있는 펌프스(pumps)를 택하고 캐주얼 샌들과 부츠는 가능하면 피하는 것이 좋다.

또 구두를 벗는 습관이 없는 영국에서도 양말을 신지 않는 경우는 삼가는 것이 예의이다. 피부색에 가까운 얇은 스타킹을 착용한다. 동양의 다도에서도 양장을 입고 다실에 입장할 때는 하얀 양말을 지참하는 수도 있다. 청결한 양말로 바꿔 신는 것으로서 자신을 초청해 준 상대에 대하여 경의를 표하는 동시에 일상의 잡념을 벗어버린다는 의미가 있다.

남녀 모두의 기품은 신발에서부터 시작된다. 이것은 세계 공통의 매너이다.

여성의 애프터눈 티 드레스 코드. 피부 노출을 자제하고, 옷깃도 심하게 벌어지지 않게 한다.

남성의 애프터눈 티 드레스 코드. 정장 차림에 넥타이를 착용한다.

칼럼

작가의 영국 홍차 유학 체험기,
"리츠 런던 호텔에서 애프터눈 티를 우선 마셔 보아요!"

지금으로부터 20년 전 홍차의 본고장에서 애프터눈 티를 배우기 위해 영국으로 건너가 홈스테이(homestay)를 했다. 홈스테이란 외국 유학생이 그 나라의 일반 가정에서 숙박하며 그 나라의 언어와 문화를 배우는 프로그램이다. 당시 홈스테이 집의 주인이 맨 처음 나를 데리고 가 준 곳이 '리츠 런던(The Ritz London)' 호텔이었다.

영국 왕실 조달 업체인 최고급 5성 호텔. 그 응접실 '팜 코트(The Palm Court)'는 100년의 역사가 있어 전통과 격식을 자랑하는 영국 애프터눈 티의 문화를 상징하는 존재이다. 런던의 여러 일류 호텔들 가운데 왜 '리츠 런던 호텔'이냐고 물으니, 주인이 친절하게 리츠 런던의 문화를 다음과 같이 소개해 주었던 기억이 난다.

"리츠에는 다른 곳에서는 없는 독특한 품격이 있답니다. 물론 드레스 코드도 있고요. 특히 남성에게는 재킷과 넥타이의 착용이 의무화돼 있어요. 여행자용으로 대여하는 넥타이도 수십 개나 준비돼 있어요."

리츠에는 입장을 위한 드레스 코드가 있는데, 이는 투숙객은 물론이고 애프터눈 티를 즐기려는 사람들도 갖추어야 한다는 것이다. 그러한 설명을 듣고 의복이 없어 큰일이라며 복장 선택을 주저하자, 그 주인이 가리킨 것이 옷깃이 여며진 부드러운 소재로 된 연한 파란색 원피스였다.

예약 시간은 오후 3시. 호화로운 샹들리에가 휘황찬란하게 빛나고 라이브로 연주되는 하프 소리가 흐르는 가운데 연미복(燕尾服)(남자용 서양 예복)을 입은 웨이터가 서비스에 나서고, 정장 차림의 신사 숙녀가 애프터눈 티를 즐기는 모습은 마치 빅토리아 시대로 되돌아간 듯했다. 지금까지도 잊을 수 없는 광경이다.

그로부터 20년이 지났다. 리츠 런던 호텔 애프터눈 티의 인기는 쇠퇴하기는커녕 오히려 갈수록 더해져 시간의 제한을 두었음에도 점점 더 예약하기가 어려워지고 있다고 한다.

온라인상으로 자리가 가득 찬 경우에도 포기하지 않고 접객 책임자를 통하거나 정중히 편지를 써 부탁하면 배려해 주기도 한다는 사실을 꼭 잊지 말자! 유서 깊은 전통을 이어받아 영국 귀족들도 사랑한 공간 '팜 코트'. 런던에 가면 리츠 런던 호텔에서 애프터눈 티를 최고의 우아함과 기품으로 꼭 경험해 보길 바란다.

출처 : 클러컨웰 보이(Clerkenwell Boy) EC1.

'리츠 칼튼 오사카'에서 영국 정통 애프터눈 티를!

영국 귀족 저택의 스타일을 그대로 재현

동양 사람들이 '리츠 런던' 호텔의 영국 정통 애프터눈 티를 경험하고 싶지만, 영국까지 가기에는 좀 그렇다면? 이러한 욕구를 충족시켜 주는 곳이 동양에도 있다. 일본, 타이완, 홍콩 등에 진출한 '리츠 칼튼' 호텔이다.

이 호텔은 일본에서는 도쿄, 오사카, 교토, 닛코, 오키나와의 다섯 곳에 현재 진출해 있는데, 이곳 어디에서도 애프터눈 티를 즐길 수 있다. 그중에서도 '리츠 런던' 호텔의 이미지를 가장 잘 살린 곳은 '리츠 칼튼 오사카(The Ritz Carlton Osaka)'의 '로비 라운지(The Lobby Lounge)'일 것이다.

우아한 동작이 아름다운 도어맨이 안내하는 중앙 출입문은 그 안으로 펼쳐지는 화려한 세계로 이끈다. 등이 쭉 펴지는 듯한 분위기를 뿜내는 것도 '리츠 런던' 호텔과 비슷해 기분을 살려 준다. 영국 귀족 저택을 재현한 실내는 중후한 '조지 건축(Georgian architecture)' 양식으로 통일되어 공간 전체가 예술품과도 같다.

영국인에게도 조지 건축 양식의 저택은 성공의 상징이다. 지적인 상류층이 선호하는 스타일로 중산층에게도 부의 상징이다. 마치 영국 귀족의 저택에 초대를 받은 귀부인이 된 느낌으로 즐길 수 있다.

로비 라운지로 향하기 전에

애프터눈 티에 대한 기대로 호텔에 발을 들여놓자마자 로비 라운지로 곧장 달려가고 싶을 것이다. 그렇다 해도 잠시 틈을 두고 기다리는 것이 어떨지. 앞서 애프터눈 티는 단순히 홍차와 과자를 즐기는 것이 아니라는 점을 소개하였다. 자리에 앉기 전까지 소위 '전주곡에서 서곡을 거치는 일'이 필요한 것이다. 온몸의 오감

출처 : 리츠 칼튼 오사카.

잠시 발걸음을 멈춘 뒤 관람하고 싶은 주출입문 옆의 차이나 캐비닛.

을 곤두세우면서 '생활 예술'을 탐미하는 것이 애프터눈 티의 진수이다.

    호텔 내로 들어서면 일단 멈춰서 호흡을 가다듬고 전체적인 분위기를 조망한다. 그리고 곳곳에 장식된 가구류와 미술품들도 충분히 감상한다. 이것이 애프터눈 티에 초대를 받은 손님이 지켜야 할 예의이다.

반드시 살펴보아야 할
차이나 캐비닛의 도자기 컬렉션!

    영국 귀족 저택의 애프터눈 티에 초대를 받으면 회화와 실내 장식품이 꾸며져 있는 통로를 지나서 응접실로 향해 간다. 그 공간은 단순히 폭이 넓고 긴 복도라기보다는 집안의 품격과 역사를 조용히 보여 주는 '롱 갤러리(long gallery)'로서 중요한 장소이다. 무심코 그냥 지나쳐서는 안 될 곳이다.

    리츠 칼튼 오사카도 중앙 출입문을 빠져나오면 언뜻 '롱 갤러리'와 같은 공간이 펼쳐져 있다. 리츠류의 호스피탈러티 철학에는 '멋진 미술품을 수집하는 일은 곧 고객에게 또 하나의 집을 제공하는 데 꼭 필요한 길'이라는 정신이 깔려 있다.

    이러한 호텔의 호스피탈러티 정신을 배경으로 리츠 칼튼 오사카에는 18세기부터 19세

제 1 장 '호텔 애프터눈 티'를 즐기는 방법

차이나 캐비닛 안에 진열된 도자기들은 귀족의 저택에서나 볼 수 있는 영국 유명 도자기 업체들의 '시누아즈리(Chinoiserie)' 스타일 제품들이다.

기에 걸친 유럽의 회화를 중심으로 450점의 미술품들이 곳곳에 비치되어 있다. 여기서는 귀족의 저택을 방불케 하는 호텔에서 미술관을 거닌다는 마음으로 회화와 진열 장식품들을 차분히 탐미해 볼 것을 권해 본다.

그중에서도 도자기 장식용 찬장인 '차이나 캐비닛(china cabinet)'은 반드시 살펴보아야 한다. 매우 귀중하였던 자기(차이나) 컬렉션으로 장식된 찬장으로서 당시 귀족층이 신분을 과시하는 상징이었기 때문이다. 찬장 유리 안에는 영국 귀족 취향의 '이마리(Imari)' 양식을 본뜬 고풍스러운 도자기가 자연스럽게 모습을 드러내고 있다.

바닥으로 응시하면 눈부시게 아름다운 대리석이 깔려 있다. 힘껏 발을 디뎌 딱딱하는 소리와 감각도 느껴 보길 바란다. 또한 여성용 파우더 룸(powder room)에 있는 여성스러운 핑크빛 대리석도 본가인 '리츠 런던' 호텔을 상기시킨다. 이같이 무심코 지나치는 곳까지도 시선을 돌려 보는 것이 '애프터눈 티의 도(道)'라 할 수 있다.

근사한 장식성 벽난로인 맨틀피스(mantelpiece)와 페르시아산 카펫. 그리고 조지 건축 양식의 중후한 실내 디자인. 이곳이 호텔을 영국 귀족 저택으로 느끼게 만드는 메인 로비이다.

한껏 즐기고 싶은 건축 미학과 모티브

로비 라운지에 도착하면 우아ᄒ·고도 고전적인 분위기의 인테리어가 당신을 맞이한다. 먼저 목재로 마감한 벽의 장식 디자인이 주목할 만하다. 영국 조지 1세(George I, 재위 1715~1727)에서 3세(George III, 저위 1760~1820)에 이르는 약 100년간의 왕조 시대에 귀족들이 마호가니 목재를 선호하여 건축재로 풍성하게 사용한 역사적인 배경이 녹아 있다.

고풍스럽게 도장한 목재로써 정성을 들여 만든 '덴털 크라운(Dental Crown)'(치열 모양의 장식)과 몰딩이 하나로 일체가 되어 공간 전체를 중후한 분위기로 살린다. 이렇게 사치스럽게 디자인한 영국 스타일의 호텔은 앞으로 일본에서도 더는 만들어지지 않을지도 모른다. 그렇게 생각해 본다면, 리츠 칼튼 오사카에서의 애프터눈 티가 얼마나 뜻깊은 일인지도 새삼스레 되새겨 볼 수 있다.

실내 장식은 영국 귀족 취향의 스타일 그대로!

다음은 실내 가구와 각종 장식들을 살펴보는 것이 영국 문화의 이해에 도움이 될 것이다. 테이블에는 테이블보를 깔지 않고 오히려 표면의 상감이 돋보이게 하는데, 이것도 영국의 전통적인 스타일이다.

영국인에게 가구는 수 대에 걸쳐 이어온 전통 가보로서 가문의 역사와도 같다. 긴 시대를 사용해 온 데 따른 빛깔을 숨기는 일은 아깝다는 의식이 강한 탓에 오히려 테이블보를 깔지 않고 나뭇결의 아름다움을 감상할 수 있는 것이다.

끝으로 실내 장식의 다채로운 직물에도 주목해 보자. 커튼으로는 다마스크 직물을 풍부하게 사용해 밸런스(balance)(상부 장식)와 섬세한 테두리 장식인 트리밍(trimming)으로는 태슬(tassel)(술)로 장식하고, 같은 천으로 만든 벽지는 두툼한 면으로 배접해 있다.

이처럼 세심한 곳까지 이르는 고집스러움은 지적인 영국 귀족이 좋아하는 스타일이다.

정통 애프터눈 티에 어울리는 낮은 테이블과 소파.

제 1 장 '호텔 애프터눈 티'를 즐기는 방법

애프터눈 티를 선보이는
'로비 라운지(The Lobby Rounge)'.
전통적인 인테리어와 호화로운 샹들리에,
라이브 음악이 흐르는 가운데 즐기는
애프터눈 티는 런던에 있는 본가
'리츠 런던' 호텔을 연상시킨다.

    귀족 저택에서 풍기는 미학에 깊은 감명을 받을 것이다. 시간이 흘러 오래될수록 정취가 깊어지는 것에 높은 가치를 두는 의식은 영국인의 큰 특징이다.
    이와 같이 리츠 칼튼 오사카 호텔이 손님을 위해 정성을 들여 곳곳에 준비한 '환대의 노력'을 잘 인식한다면 평상시에 즐기는 애프터눈 티도 한층 더 윤택하고 고급스러운 경험으로 와닿을 것이다. 애프터눈 티의 경험은 단순히 티를 마시는 일이 아니라 접대하는 사람이 손님의 취향을 북돋우려고 정성을 들여 준비한 마음과 의미를 깨닫는 가운데 더욱더 깊어지는 것이다. 이는 동양의 다도와 일맥상통한다는 느낌도 든다.

면을 덧댄 벽(왼쪽)과 커튼에 매단 테두리 장식인 태슬(tassel)(장식 술)은 영국 스타일의 인테리어를 좋아하는 사람들에게는 놓칠 수 없는 포인트이다(가운데). 나뭇결과 고유의 광택을 감상할 수 있도록 테이블보를 깔지 않는 것도 영국 정통 스타일이다(오른쪽).

티 선택의 메뉴가 충실한 것도 로비 라운지의 특징이다. 손으로 직접 딴 '유기농 다르질링'고 '유기농 얼그레이', '리츠 칼튼 오사카 오리지널 블렌드', '허브티', '중국 차' 등을 선보인다.

로비 라운지 — 오사카

「웰컴 투 웨지우드 애프터눈 티」 메뉴
1인분/가격은 메뉴에 따라 달라진다. 일반 메뉴는 약 66,000원(VAT포함)

시간	120분제
다기	계절과 메뉴에 따라 다르다. 왼쪽 사진의 다기는 여름철 특별 기획으로 등장한 웨지우드의 「세일러스 페어웰(Sailor's Farewell)」
티 푸드	세이버리 4종, 스위트 5종, 스콘
잼	메뉴에 따라 다르다.
고형크림	리필 가능(무료)
홍차	홍차 21종, 허브티 7종, 중국 차 3종, 커피 1종에서 택일. 주요 메이커는 '로네펠트(Ronnefeldt)', '더 아트 오브 티(The art of tea)', '웨지우드(Wedgwood)'. 포트(저그는 주문 가능) 서비스가 있고 리필도 가능.
우유	고온 살균의 차가운 우유를 기본적으로 제공. 따뜻한 밀크도 주문할 수 있다.
홈페이지	https://lounge.ritzcarltonosaka.com/ 메뉴 내용, 시스템, 가격, 시간 등은 달라질 수 있다. 자세한 내용은 홈페이지에서 확인해 주세요.

제1장 '호텔 애프터눈 티'를 즐기는 방법

Recipe
리츠 칼튼 오사카의 초대 레시피 특별 공개!
플레인 스콘 (Plain Scone)

【🍳 재료】 적당량
- 버터(무염) 120g
- 그래뉴당 96g
- 계란 50g
- A 박력분 624g / 베이킹파우더 24g
- 우유 250g
- 광택용 계란액
- 전란 적당량
- 우유 적당량

【🍳 사전 준비 과정】
- 버터를 실온으로 돌려 놓는다.
- A를 체로 친다.
- 오븐을 180도로 예열한다.
- 광택용 계란과 우유를 섞는다.

【🍳 만드는 방법】
1. 믹서에 버터를 넣고 크림 상태가 될 때까지 섞는다. 여기에 그래뉴당을 넣고 뿌예질 때까지 섞는다.
2. 1에 계란을 넣고 잘 섞는다. A를 넣고 더 섞는다.
3. 믹서를 돌리면서 2에 우유를 넣고 섞는다. 반죽을 너무 과하게 하지 말 것.
4. 반죽을 꺼내어 하나로 뭉쳐 배트(넓적한 접시)에 담는다. 랩을 씌워 1시간 정도 둔다.
5. 반죽이 달라붙지 않게 밀가루를 뿌린 뒤 4를 올려 면봉으로 1.5cm 두께 정방형으로 늘리고 셋으로 접는다. 원래의 방향을 바꿔서 다시 셋으로 접는다.
6. 5를 지름 3.5cm 원형 틀로 찍어 내어 하룻밤 동안 냉동한다. 이때 남은 반죽은 호텔에서는 다시 사용하지 않지만, 가정에서는 반죽을 잘 모아서 오븐 판의 구석에 놓고 구워도 좋다. 단 굽기 전에 반죽을 해동해야 한다.
7. 오븐판 위에 6을 놓는다. 굽는 동안에 모양새가 망가지지 않도록 한 단계 더 큰 원형 틀을 덮어 씌운다. 그리고 180도의 온도로 예열한 오븐에 15분간 굽는다. 구운 정도를 살펴보면서 도중에 190도로 온도를 올린다. 원형 틀은 완전히 식은 뒤에 떼어 낸다.
8. 표면에 광택용 계란액을 솔로 칠한다.

플레인 스콘보다 더 단 과자에 가까운 레시피

건포도 스콘 (Raisin Scone)

【🍪 재료】지름 약 4cm, 적당량

- 버터(무염) 150g
- 그래뉴당 120g
- 계란 112g
- 럼주에 절인 건포도(호텔 수제) 적당량
- 소금 2g
- A 박력분 500g/베이킹파우더 32g
- 생크림(유지방분 38%) 100g
- 광택용 계란
- 계란 적당량
- 우유 적당량

【🍪 사전 준비 과정】
- 플레인 스콘과 동일하다.

【🍪 만드는 방법】
1. 믹서에 버터를 넣고 크림 상태가 될 때까지 섞는다. 여기에 그래뉴당을 넣고 뿌예질 때까지 섞는다.
2. 1에 계란을 넣고 잘 섞은 다음 믹서를 돌려가면서 럼주에 절인 건포도와 소금을 넣고 잘 섞는다. 건포도가 버터에 잘 버무려지면 A와 생크림을 넣고 더 섞는다.
3. 4부터 8까지의 과정은 앞 페이지의 플레인 스콘과 같은 방법이다.

- ◆ 반죽을 셋으로 접을 때는 신속하게 해야 한다. 이때 글루텐이 나오지 않도록 꽉 누르지 않는다. 호텔에서 이 작업은 숙련된 경험자가 담당한다.
- ◆ 딸기잼은 스콘과 고형크림이 가장 좋은 배합이 되도록 특정 제품에 물을 더하고 라즈베리를 첨가해 산뜻한 풍미로 만든다.
- ◆ 스콘을 맛있게 다시 데우려면 전자레인지에 30초간 데우고 오븐 토스터에 1분간 가열하면 된다. 이때 알루미늄 포일과 물 뿌림은 필요가 없다.

스콘 레시피의 여담

리츠 칼튼 오사카 호텔

이번에 공개된 스콘 레시피는 초대 셰프가 홍콩의 '리츠 칼튼'에서 연수를 받은 뒤 대대로 전승해 온 것이다. 촉촉한 식감이 특징으로 많은 고객으로부터 사랑을 받아 왔다. 그런데 수개월 뒤에는 이 역사적인 스콘의 레시피도 바뀔 것이라는 이야기가 나온다. 오랫동안 계속해 사랑을 받아 온 스콘의 맛을 남기고 싶은 마음에서 이 책에 레시피를 소개한다. 직접 만들어 즐겨 보는 것이 어떨까? 물론 새로운 스콘의 맛도 어떨지 매우 기대된다.

제1장 '호텔 애프터눈 티'를 즐기는 방법

홍차의 기원과 애프터눈 티의 탄생

티의 기원은 중국!

동양인 일본에서는 애프터눈 티가 과연 어떻게 시작된 것일까. 그 이야기에 앞서 '홍차의 뿌리'를 먼저 살펴보자.

영국은 '홍차의 나라'라는 인식이 너무 강한 나머지 '홍차 발상지'로 생각하는 분들이 적지 않다. 그러나 사실 티(Tea), 즉 차(茶)의 기원지는 중국이다. 중국의 전설에 따르면, 티의 탄생 시기는 기원전 2700년경으로 '의약의 신(또는 농업의 신)'으로 불리는 전설상의 황제 신농(神農)이 우연히 발견한 식물의 잎에서 시작되었다고 한다.

중국에서 가장 오래된 의약서인 『신농본초경(神農本草經)』에 따르면, 하루에 72종의 독을 직접 경험하면서 티의 해독성을 인용하여 연구를 계속하였다고 전해지듯이, 티는 고대로부터 의약으로 사용되었다는 사실을 알 수 있다.

선박에서 운송 중인 녹차가 발효되어 홍차가 되었다는 이야기는 사실인가?

홍차의 탄생 비화로서 혹시 이런 이야기를 들어 본 적은 없는지? 그 옛날 중국에서 유럽으로 녹차를 선박으로 운송하던 중에 선박의 밑바닥이 너무 더운 나머지 녹차가 산화되어 항구에 도착할 때면 홍차가 되어 버렸다는 이야기이다. 그러나 이 유명한 에피소드는 실은 잘못 알려진 이야기이다. 왜냐하면 홍차는 오랜 역사에 걸쳐 사람이 손으로 직접 가공해 만든 산물이기 때문이다.

홍차, 녹차, 우롱차는 사실 모두 같은 종의 차나무에서 만들어진 티의 종류이다. 탄생한 시대적인 순서는 녹차, 우롱차, 홍차이다. 당나라 시대까지 티는 비산화차인 녹차였다. 명나라 시대로 들어서자 우롱차로 알려진 부분 산화차가 만들어지기 시작하였다.

그 뒤 청나라 시대에 이르러 영국과의 교역이 시작되면서 영국 특유의 센물, 설탕과 우유와의 혼합 등과 같은 이유로 인해 더 많이 산화된 티를 사람들이 선호하기 시작하였다. 그러한 수요 가운데 중국의 티 장인들이 오랫동안 노력을 기울인 끝에 18세기에 이르러서 마침내 완전 산화차인 홍차가 탄생한 것이다.

중국에서 일본으로 전해진 티!

일본에 티가 처음으로 전파된 시기는 9세기경이다. 804년 견당사(遣唐使)로 중국에 건너간 불교 승려 사이초(最澄, 766~822)가 차나무의 씨앗을 갖고 돌아와서 히에이산(比叡山)에 파종한 일이 일본 티 역사의 기원이라고 전해진다.

녹차를 마시는 관습은 오랜 시간에 걸쳐 보급되어 16세기 말에서 17세기 초인 아즈치모모야마 시대(安土桃山時代)에는 일본의 독자적인 문화로서 발달하는 가운데 티의 명인 센노리큐(千利休, 1522~1591)에 의해 고도의 티 의식인 '차노유(茶の湯)'가 확립되었다.

일본에서 홍차의 역사가 시작된 것은 티가 전파되고 나서 1000년이나 지난 문명이 개화되던 시기였다. 1887년에 외국산 홍차 100kg이 수입된 것이 그 시초였다. 이때 영국에서 인도산 홍차를 수입한 것으로 추정되지만 공식 기록이 남아 있지 않아 확실치 않다.

이 당시 홍차는 일본에서 '외래품인 서양풍의 음료'로서 정부 고관이나 귀빈들의 사교장이었던 로쿠메이칸(鹿鳴館)과 초라쿠칸(長樂館) 등을 중심으로 신사 숙녀들 사이에 조금씩 퍼져나갔다.

그러한 시대적인 붐으로 1906년 메이지야(明治屋)가 '립톤 옐로 라벨 티(Lipton Yellow Label Tea)'를 수입하기 시작하였다. 다만 유산 계층의 사치품으로 인식되어 제2차 세계대전 중에는 외국산 홍차의 수입이 금지되면서 시장에서는 곧바로 자취를 감추었다.

종전 뒤에는 일본에 거주하는 외국인들을 위하여 다시 수입이 허용되었지만 '홍차는 립톤 제품으로 한정', '수입업자는 메이지야(明治屋)와 다이마루 백화점(大丸百貨店)만' 등의 엄격한 규제가 있었던 가운데 밀수와 미군 부대로부터의 유출 등 암시장도 형성되었다.

일본 홍차 역사의 전환기

1971년 일본 홍차의 역사는 커다란 전환기를 맞는다. 이 시기에 홍차의 수입이 자유화된 것이다. 고도의 경제 성장과 함께 사람들의 라이프스타일이 변화하여 아침은 식탁에서 홍차와 빵의 모습이 일상화되고 식탁에는 립톤 티와 닛토 홍차 등 노란 라벨에 빨간 로고의 티백이 놓였다. 티타임에는 홍차와 케이크가 등장하고, 우유와 레몬, 설탕을 넣은 '티'로 손님을 환대하는 생활상이 정착되었다.

1975년에 들어서는 홍차의 선물 시장도 활성화되었다. 선물용으로 영국 트와이닝스(Twinings)의 다양한 티백 패키지, 멜로즈(Melrose)의 도자기 티 캐디, 프랑스 포숑(Fauchon)의 황금색 리본과 포장지에 싸인 홍차 캔 등이 유행하였다.

제1장 '호텔 애프터눈 티'를 즐기는 방법

본래 커피를 내리는 '카페티에(cafe thiere)'라는 기구에 '티 서버(tea server)'라는 이름이 붙여져 찻집 등에서 홍차를 서빙하는 기구가 등장한 것도 이 시기이다. 모래시계와 함께 등장하는 티 서버를 홍차를 우리는 본모습으로 기억하고 있는 분들도 많을 것이다. 이렇게 생활양식과 식생활의 서양화와 함께 일본에도 홍차의 붐이 시작된 것이다.

버블 경제 시대에 트렌드로 뜬 '애프터눈 티'

1985년 일본 경제가 버블 시대를 맞을 무렵에 애프터눈 티도 주목을 받기 시작하였다. '포트넘 앤 메이슨(Fortnum & Mason)', '로라 애슐리(Laura Ashley)' 등 영국계의 '티룸(Tearoom)'이 '실버 3단 트레이'라는 아이콘을 드높이 들어 '우아한 티타임'이라는 이미지를 확립하였다.

영국의 도자기 명문 기업 웨지우드의 「와일드 스트로베리(Wild Strawberry)」와 로열앨버트(Royal Albert)의 「올드 컨트리 로즈(Old Country Roses)」 등의 티 세트로 애프터눈 티를 즐기는 일이 영국에서 귀국한 외교관들의 부인들 사이에서 트렌드가 되었다.

1989년 무렵에 외국 자본계의 호텔들이 잇달아 첫 문을 열고, 개업의 관심 종목으로 애프터눈 티를 내놓게 된다. 이 시기에는 해외 여행에서 애프터눈 티를 경험한 직장 여성들이 급증하여 젊은이들에게도 인기가 확산되면서 본격적인 붐이 일었다. 이러한 시대적인 추세에 따라 일본계 호텔들도 그 뒤를 따르면서 애프터눈 티의 수준도 점점 향상되어 나갔다.

그 뒤 2019년부터 지금에 이르기까지 각 호텔들이 개성에 따라 서로 경쟁하고 전통과 서양식 문화를 융합시키면서 독특한 애프터눈 티로 발전해 온 것이다. 지금도 변화를 계속해 그 모습들이 진화해 나가고 있다.

18세기 티 모임에서 사용한 자물쇠가 달린 티 캐디(tea caddy). 잎차 보관 전용의 상자이다.

탐방
호텔 진잔소
(椿山莊) 도쿄
Hotel Chinzanso
Tokyo

도쿄 최초 '호텔 애프터눈 티'의 탄생지를 방문하다!

유행에 민감한 여성들이 앞서 몰려들다!

지금에는 크게 붐이 성행하고 있는 애프터눈 티이지만, 이것을 재빨리 도입해 붐을 일으킨 곳은 '호텔 진잔소 도쿄'의 로비 라운지인 '르 자르댕(Le Jardin)'이다.

일본의 호스피탈러티 기업인 후지타 관광(藤田觀光) 그룹은 1992년 세계적인 럭셔리 호텔 체인 기업인 '포시즌스 호텔 앤 리조트(Four Seasons Hotels and Resorts)'와 제휴하여 아시아 진출 제1호로서 '포시즌스 호텔 진잔소 도쿄'의 첫 문을 열었다. 개업과 동시에 도쿄에 있는 호텔로서는 최초로 영국식 애프터눈 티를 도입한 곳이 로비 라운지인 '르 자르댕'이다.

당시 버블 경기로 춤추는 도쿄에서도 외국계 자본의 럭셔리 호텔은 매우 드문 경우였다. 우아한 아름다움을 그림으로 그린 것과도 같은 르 자르댕의 애프터눈 티는 순식간에 화제가 되어 유행에 민감한 여성들이 몰려들었다. 당시 유행하였던 무선호출기 20대를 항상 풀가동하는 광경이 이곳에서 펼쳐졌다.

개업 당시의 셰프에게 전해 들은 '호텔 애프터눈 티'의 시작

영국의 분위기를 경험할 수 있는 호텔 진잔소 도쿄의 로비 라운지인 르 자르댕에는 사람들의 발길이 잦다. 이곳의 영국 정통 스타일 스콘은 매우 인상적이다. 당시에는 '스콘'이라고 하면 부드러운 빵과 같은 형태가 주를 이루었지만, 이곳에서 선보인 것은 겉은 바삭하지만 속은 부드러운 영국 정통 스타일의 스콘이었다.

또한 그러한 스콘에 곁들인 것은 당시 흔했던 일반 생크림이 아니고 오리지널 크림인 '데본셔 크림(Devonshire cream)'이었다. 일본에서 고형크

호텔의 상징인 삼층탑 '원통각(圓通閣)'과 짙은 녹음을 조망하면서 즐기는 애프터눈 티는 일상의 단조로움에서 벗어나 큰 즐거움을 선사한다.

제1장 '호텔 애프터눈 티'를 즐기는 방법

영국 귀족층이 좋아한 도자기와 차이나 캐비닛, 병풍 등이 진열된 로비 내부의 모습. 이곳에 들어서면 저택에 초대를 받은 느낌이다.

림이 생겨나기도 전에 더블 크림(double cream)(유지방 함량 50%의 고지방 크림)에 벌꿀을 넣어 만들었다고 하니 놀랍다.

왜 그 당시에 그렇게까지 본격적인 영국 정통 방식의 애프터눈 티를 내놓을 수 있었던 것일까? 르 자르댕이 첫 문을 열 당시에 수석 페이스트리 셰프로 있던 다카키 고우시(高木厚志)는 그 배경에 대하여 설명한다.

동양적인 취향이 묻어 나는 산뜻한 녹색의 테이블과 애프터눈 티.

가슴 설레며 방문한 르 자르댕의 개장 전 입구 모습.

"당시에는 포시즌스 그룹과 경영을 함께 했기 때문에 캐나다 본부에서 보내온 애프터눈 티 메뉴를 기본으로 외국인 셰프와 서로 협력해 레시피를 개발했습니다. 애프터눈 티에 관해서는 메뉴가 이렇다는 것 외에는 알지 못했기 때문에 상세한 내용을 알기 위해 서적을 조사하기도 하고, 사람에게도 물어보는 등 하나에서부터 열에 이르기까지 모두 연구했습니다. 당시는 숙식을 잊을 정도로 정말 필사적이었습니다."

애프터눈 티의 서비스를 시작한 지 얼마 안 되었을 무렵에 사용한 도자기 티 스트레이너. 다카키 셰프가 직접 찾아서 보여 준 것이다.

이러한 배경 설명에 앞서 다카키 셰프는 호텔 애프터눈 티의 지난 역사를 되돌아보기 위하여 당시 함께 일하였던 사원에게 연락하여 물어보거나 부하 직원들과 함께 당시 손님들이 블로그에 올린 애프터눈 티의 사진들을 일일이 확인하는 작업까지 거쳤다. 그러면서 두툼한 보고서를 보여 주면서 설명을 덧붙였다.

"흥미로운 일은 1997년쯤부터 많은 사진이 인터넷에 게재된 것입니다. 아마도 디지털카메라와 휴대전화, 블로그가 성행한 시기였던 것 같습니다. 지금 생각해 보면, 그것과 함께 애프터눈 티의 인지도도 높아져 붐이 일어났다고 생각합니다."

2013년 '호텔 진잔소 도쿄'로 브랜드가 쇄신되면서 '애프터눈 티'에도 전환기가 찾아왔다. 창업 당시의 정형적인 틀이 사라지는 대신에 자유스러운 발상으로 새로운 메뉴를 창조할 수 있게 된 것이다. 이러한 전환기에 대한 다카키 셰프가 뒷이야기를 들려주었다.

"도쿄 애프터눈 티 문화의 개척자로서 전통을 유지하면서도 진화하기 위해 손님들의 반응을 지켜보면서 메뉴의 개발을 계속 반복하였습니다. 프랑스 과자나 영국 과자라는 전형에서 벗어나 일본 술과 맛차(抹茶) 등에 일본 전통의 식재료를 도입하기도 하고, 지금 대부분 호텔에서 실시하고 있는 이종 업종 브랜드와 컬래버레이션 메뉴의 개발에도 도전하였습니다."

호텔 진잔소 도쿄의 로비 라운지인 르 자르댕이 문을 열 당시부터 지금까지 일본에서 부동의 No. 1 애프터눈 티로 인기를 누리는 이유는 이렇게 철저하게 조사하고 연구하는 탐구심과 적극적인 자세가 있었기 때문이 아닐까.

이것은 전통 다원 '츠지리헤이본점(辻利兵衛本店)'과의 컬래버레이션 메뉴. 섬세한 녹차의 맛을 살리기 위해 시제품 만들기를 몇 번이고 반복한 끝에 완성한 것이다. 공동으로 협업하는 기업은 모두 장인 정신으로 무장되어 있기 때문에 협업에 앞서 매번 심사숙고한다고 한다.

제1장 '호텔 애프터눈 티'를 즐기는 방법

Recipe

겉은 바삭하지만, 속은 부드러운 식감의 영국 정통 스타일 스콘
플레인 스콘

【🍰 재료】 지름 5.5cm 크기의 원형 틀 10개분

 버터 100g/그래뉴당 100g
- 전란(푼 계란) 50g
- 생크림(유지방 함량 45%) 150g

B 강력분 200g/박력분 160g/베이킹파우더 12g
- 전란 적당량

【🍰 사전 준비 과정】
● 버터는 실온에서 준비한다.

【🍰 만드는 방법】
1. 그릇에 를 넣고 하얗게 될 때까지 거품기로 휘젓는다.
2. 1에 전란(푼 계란)을 조금씩 넣어 가면서 섞는다. 그리고 생크림, 혼합된 **B**를 각각 2~3회로 나눠서 넣은 뒤 거품기로 균일해질 때까지 뒤섞는다.
3. 2를 뭉쳐서 랩으로 싼 뒤 냉장고에 하루 동안 넣어 둔다.
4. 3을 밀방망이로 1.6cm 두께로 늘린다. 원형의 틀 안쪽에 버터(분량 외)를 칠하고 지름 5.5cm인 원형의 틀로 찍어 낸다.
5. 오븐을 180도로 예열한다. 4의 윗면에 전란(푼 계란)을 칠한다. 오븐 판에 올려놓고 예열한 오븐에서 25분간 굽는다.

Memo

◆ 반죽은 1회용 반죽만 사용.
◆ 심플한 고형크림, 산초를 블렌딩한 전차(煎茶) 잼으로 즐긴다.
◆ 스콘을 맛있게 다시 데우려면 전자레인지에 30초간 데우고 오븐 토스터에 1분간 가열하면 된다. 이때 알루미늄 포일과 물 뿌림은 필요가 없다.

일본의 수많은 홍차 전문점 가운데에는 티가 훌륭한 곳들이 많다. 그중에는 '리풀 다르질링 하우스(Leafull Darjeeling House)'도 있다. 다만 티의 가격이 상당히 높아 특별한 날에나 마시는 '스페셜 티'의 명소로 추천한다.

르 자르댕의 티 실렉션에도 리풀 다르질링 하우스의 다르질링 홍차가 포함되어 있다. 몇 잔이라도 마실 수 있는 애프터눈 티의 티 실렉션 메뉴에 리풀 다르질링 홍차를 채용한 것은 매우 놀라운 일이다. 이 점에서도 호텔에서 고객을 대하는 높은 환대에 대한 강한 신념이 느껴진다.

솔직히 가격 면에서는 리풀 다르질링을 메뉴에 채용하는 것이 큰 고민이겠지만, 맛이 각별하다는 이유로 스태프가 선택한 것이다. 고객들에게 이 이야기를 전하면 매우 기뻐할 것으로 생각된다(다카키 셰프).

애프터눈 티의 홍차 메뉴에 리풀 다르질링의 '오텀널(Autumnal)'과 '세컨드 플러시(Second Flush)'의 두 종류나 있는 것도 행복한 일이다. 한 모금 마실 때마다 입안에 우아한 향미가 퍼지는 사치스러운 홍차를 직접 경험해 보길 바란다.

홍차 여담
호텔 진잔소 도쿄

주방에는 누가 우려도 향미가 일정하도록 각 티마다 우려내는 방법을 소개한 매뉴얼이 비치되어 있다.

선물용 애프터눈 티도 인기가 높다.

르 자르댕 (로비 라운지)	도쿄	「애프터눈 티」메뉴 1인분 / 약 48,000원 (VAT 포함)
	시간	120분제
	다기	노리다케(Noritake)의 「하나사라사 (花更紗)」
	포크류	노리다케 실버
	티 푸드	세이버리 4종, 스위트 4종, 플레인 스콘, 또 다른 2종의 스콘
	잼	1종
	고형크림	플레인 고형크림, 제철 계절의 고형크림
	홍차	리풀 3종, 데콜라주(Decollage) 8종, 로네펠트(Ronefeld) 9종의 총 20종에서 선택하면 된다. '아이리시 위스키(Irish Whiskey)'와 '머스캣 그린 티(Muscat Green Tea)'가 인기가 높다. 티 변경 가능. 포트로 리필, 저그 서비스(물 추가)는 주문 가능.
	우유	저온 살균 우유를 차가운 상태로 제공하며, 따뜻한 것도 주문할 수 있다.
	홈페이지	https://hotel-chinzanso-tokyo.jp 메뉴 내용, 시스템, 가격, 시간 등은 달라질 수 있다. 자세한 내용은 홈페이지에서 확인해 주세요.

제1장 '호텔 애프터눈 티'를 즐기는 방법

영국식 호텔 애프터눈 티에는 왜 프랑스 과자가 정통 스타일인가?

티 파티는 '차회(茶会)', 티 세리머니는 '차사(茶事)'

애프터눈 티는 영국의 문화인데 호텔 애프터눈 티의 스위트는 어째서 프랑스 과자인가? 여러분은 궁금하게 생각해 본 적이 없는가? 일본의 호텔뿐만 아니라 영국의 호텔에서 애프터눈 티를 마셔도 3단 스탠드에 놓여 있는 자그마한 별미들은 프랑스 과자가 대부분이다.

흔히 영국 과자라고 하면 티타임에 꼭 등장하는 빅토리아 샌드위치와 당근 케이크 등 소박한 형태의 과자가 떠오르지만, 그런데 애프터눈 티에서는 영국 과자보다는 섬세한 프랑스 과자가 선호된다. 여기서는 그 이유를 알아보기로 한다.

앞서 애프터눈 티는 '영국의 다도'라고 소개하였지만, 다도에서 흔히 말하는 차 모임에도 약간 다른 점이 있다. 일본에 비교하면, '차회(茶会)'(차카이)와 '차사(茶事)'(차고토)가 서로 비슷한 것 같지만, 실은 전혀 다른 것과 같다.

'차사(茶事)'는 풀코스로 차를 접대하는 것이다. 주인장이 초대장을 쓰는 일에서부터 시작하여 극히 소수의 손님을 초대해 회석(懷石)(차를 내기에 앞서 내는 간단한 요리), 주과자(主菓子), 농차(濃茶), 건과자(干菓子), 박차(薄茶)의 순서로 4시간에 걸쳐 선보이면서 진행하는 격식이 높은 환대 의식이다.

반면 '차회'는 '차사'의 풀코스에서 일부분을 취해 약식화한 것으로서 박차, 차과자(茶菓子), 농차, 점심 등 풀코스에서 일부를 취한 일품요리들을 대규모로 선보인다. 이러한 차회는 수백 명의 사람이 교대로 참가할 수 있어 캐주얼 차 모임이라 할 수 있다.

영국식 애프터눈 티에도 이와 비슷한 형태의 차이점이 있다. '차회'에 해당하는 빅토리아 시대의 대형 '애프터눈 티 파티'는 남녀를 불문하고 한 번에 수십 명의 손님을 초대해 홍차 이외에 커피와 술도 제공하고 손님이 서서 먹는 뷔페 스타일로서 사람들이 자리를 옮기면서 사교를 행하는 자리였다. 이러한 접대는 저택의 안주인이 주체이지만 혼자서 대응하기가 곤란하여 집사와 사환의 손을 빌려 치러졌다.

반면 '차사'에 해당하는 영국 정통 스타일의 애프터눈 티는 경직된 느낌이 나기도 하고 섬세한 규칙도 있어 '티 세리머니(Tea Ceremony)'로도 불린다. 주인장이 초대장을 띄워 소수의 손님을 초대해 웰컴 드링크(welcome drink)로부터 시작하여 다양한 종류의 홍차, 샌드위치, 페이스트리를 선보이며 2~3시간에 걸쳐 진행하는 풀코스 환대 파티이다.

이러한 티 세리머니에 초대되는 손님은 원칙적으로 여성들이다. 안주인이 직접 홍차와 티 푸드를 대접하기 때문이다. 이는 일본의 차사와도 같은데, 초대를 받는 일 그 자체가 매우 영예로운 일이다. 그 사람이 속한 사회에서 인정을 받았다는 증거이기 때문이다.

출중한 솜씨의 프랑스인 셰프는 최고의 스카우트 대상!

동양의 '차사'나 '차 모임'과 영국의 '티 세리머니'에서 보이는 공통점은 '주객일체'라는 정신이다. 초대에 청하는 사람과 초대에 응하는 사람이 상호 일체가 되어 서로에게 마음이 편안한 시간과 공간을 만드는 것이다.

애프터눈 티에서 손님이 가장 크게 기대하는 것은 티 푸드이다. 그중에서도 가장 주목되는 것은 페이스트리이다. 페이스트리의 질은 셰프의 솜씨를 곧바로 드러내기 때문이다. 더 나아가서는 그 집안의 비밀스러운 재정 상태까지도 파악할 수 있다고 한다.

빅토리아 시대에 부유한 귀족들 사이에서는 프랑스인 남성 셰프를 고용하는 일이 높은 사회적인 신분을 과시하는 상징이었다. 미식가인 귀족들은 영국의 전통적인 요리 속에서도 세계 최고 미식의 나라로 알려진 프랑스의 맛을 기대하였다.

애프터눈 티의 티 푸드라고 하면, 오늘날에는 샌드위치, 스콘, 페이스트리가 기본적인 구성이다. 그러나 애프터눈 티가 발상할 당시에는 스콘이 아직 등장하지 않았다. 그리고 세이버리는 버터를 바른 빵과 샌드위치, 페이스트리는 고작 타르트와 케이크가 조합된 것이 전부였다. 이 모든 티 푸드들은 손가락으로 집어 먹을 수 있을 정도로 크기가 작았던 것이 공통적인데, 여성들이 한입에 먹을 수 있도록 배려한 이유 때문이다.

특히 페이스트리에 대해서는 귀족들이 보석처럼 화려하고 섬세한 프랑스 과자가 최고라고 생각하여 애프터눈 티를 위한 전속 페이스트리 셰프를 둘 정도였다. 그 셰프의 보수는 성별과 기술에 따라 세분화되었는데, 안주인이 던지는 무리한 난제도 영리하고 맵시 있게 대응할 정도로 솜씨가 훌륭한 프랑스인 셰프의 인기는 매우 높았다. 귀족들 사이에서도 그들을 모시기 위한 경쟁이 과열되어 연봉도 당연히 파격적으로 제시되었다.

반면 그러할 형편이 못되었던 귀족들은 영국인 여성 셰프와 하녀인 스틸룸 메이드(stillroom maid)에게 전부 떠맡겼다. 예를 들면 저택의 안주인이 '마리 앙투아네트가 먹었던 것과 같은 프랑스 과자를 만들라'는 난제를 내리는 것이다.

불행하게도 영국인 여성 셰프와 하녀는 프랑스 과자를 본 적도, 먹은 적도 없었기에 당연히 그러한 일을 해내기에는 무리였다. 더 나아가 안주인은 포기하지 않고 최신 유행하는 프랑스 과자에 대한 정보를 그녀들에게 가져다주었지만, 역시 프랑스 출신의 일류 남성 셰프를 따라가지는 못하였다. 요리 기술에서 극복하지 못할 정도의 차이가 있었기 때문이다.

그러한 상황은 영국의 인기 역사 드라마를 영화화한 「다운턴 애비(Downton Abbey)」(2019)에서도 영국 왕실 전속의 남성 셰프와 크롤리(Crawley) 백작 가문의 여성 셰프인 베릴 팻모어(Beryl Patmore)와의 요리 대결을 통하여 잘 그려지고 있다. 그러한 점을 볼 때 품격이 높은 '호텔 애프터눈 티'에서 과자는 역시 프랑스 과자가 정답일 것이다.

일본의 5성급 호텔에서 페이스트리 부문을 이끄는 선두 셰프들의 탁월한 솜씨는 세계에서도 인정을 받고 있다. 그로 인해 오래전 영국 귀족이 동경한 아주 멋진 애프터눈 티를 일본에서도 즐길 수 있는 것이다. 이는 티 애호가들에게 그야말로 행복한 일이 아닐 수 없다.

탐방

리츠 칼튼 교토
The Ritz Carlton Kyoto

'피에르 에르메 파리'의 셰프가 선보이는 교토의 애프터눈 티!

교토풍을 느끼면서 영국 귀족이 동경한 애프터눈 티도?!

영국 귀족들이 동경하였던 초일류 프랑스인 페이스트리 셰프가 선보이는 본격적인 애프터눈 티를 교토에서도 경험할 수 있다. 8세기~12세기 일본의 귀족들이 히가시야마산(東山)에서 떠오르는 달을 구경하기 위하여 별당을 세웠던 땅에 들어선 '리츠 칼튼 교토(The Ritz Carlton Kyoto)' 호텔이다.

이 호텔은 교토 가옥의 디자인을 사용하면서도 리츠 칼튼 브랜드다운 고색 찬란한 기품을 표현하여 교토의 역사가 살아 있는 중심가와 조화로운 분위기를 자아낸다. 중심가 건축 특유의 격자 문양으로 악센트를 더한 분위기인 '로비 라운지(The Lobby Rounge)'의 애프터눈 티에서는 프랑스 유명 페이스트리 브랜드인 '피에르 에르메 파리(Pierre Herme Paris)'의 환상적인 스위트와 함께 꿈의 향연을 누릴 수 있다.

제1장 '호텔 애프터눈 티'를 즐기는 방법

'페이스트리계의 피카소'로 불리는 귀재, 피에르 에르메(Pierre Herme)의 브랜드인 '피에르 에르메 파리'의 레시피 리스트에서 고른 가을철 스콘 메뉴. 왼쪽 위에서 시계 방향으로 이스파한(Ispahan), 사래(Sarah), 슈 오마주(Chou Hommage), 플레지르 쉬크르(Plaisirs Sucres)이다.

피에르 에르메 파리의 셰프가 선보이는 수백 종의 레시피와 실렉션!

이와 같은 이종 컬래버레이션은 놀랍게도 기간이 한정되어 있지 않다. 피에르 에르메 파리는 리츠 칼튼 교토 호텔에서 서비스하는 모든 스위트를 감수하고 있다. 따라서 로비 라운지에서는 일 년 내내 피에르 에르메 파리 브랜드의 스위트가 등장하는 애프터눈 티를 즐길 수 있다.

이 피에르 에르메 파리에서는 레시피를 제공할 뿐만 아니라 페이스트리 전문 셰프인 파티시에(patissier)가 주방에 상주하면서 항상 그 맛을 확인하고 있다. 또한 애프터눈 티의 페이스트리 메뉴는 수백 종류의 피에르 에르메 파리의 레시피 목록에서 호텔 파티시에인 레지 데마네(Regis Demanet) 셰프가 직접 고른다. 페이스트리 선택에 대하여 데마네 셰프는 다음과 같이 친절히 설명한다.

화창한 날씨에는 테라스의 자리에서 신선한 바람을 쐬고 물소리도 들으면서 애프터눈 티를 즐길 수 있다.

"중요한 것은 메뉴 가운데서 스토리텔링이 전해지도록 고르는 일이에요. 굳이 부드러움을 의식할 필요는 없어요. 계절감이라든지, 느낌, 티 푸드와 균형감이 어떨지를 생각해요. 그저 애프터눈 티를 위해 한입 크기로 만들어야 하는데, 거기에 맞춰 약간씩 조합을 맞추고 있어요."

이같이 하나하나 보석처럼 빛나는 프랑스의 쿠키류, '프티 푸르(petit four)'의 크기를 작게 만들어서 단번에 여러 종류의 별미들을 즐길 수 있는 것도 애프터눈 티에서만 경험할 수 있는 묘미이다. 여기에 피에르 에르메 파리만의 진수라 할 색다른 풍미, 식감, 소재 등에서 생겨나는 조화로움 속에서 영국 귀족층이 동경한 '프랑스 제과의 정신'도 탐미해 보길 바란다.

오감을 사용해 향기를 '듣다'?!

'리츠 칼튼'이라고 하면, 호스피탈리티, 즉 환대 문화가 세계에서도 초일류인 것으로 유명하다. 그러한 만큼 리츠 칼튼 교토도 호텔 내 곳곳에서 섬세한 배려를 느낄 수 있다.

예를 들면, 손님을 맞이하는 중앙 출입문에 발걸음을 들여놓으면 순간 고귀한 향기의 웰컴 아로마에 온몸이 감싸인다. 마치 모닝 티와 같이 상쾌하지만, 티의 향기와는 사뭇 다른 것이다. 교토가 수도였던 옛 시대의 귀족들이 누렸을 교토다운 향기이다.

도어맨에 따르면, 리츠 칼튼 교토 호텔에서는 특별히 블렌딩한 오리지널 아로마를 피운다고 한다. 녹차 향을 바탕으로 시트러스와 장미 등의 에센셜 오일을 가향한 것이다. 굳이 향을 표현하자면, 매우 부드러우면서도 격조가 높다고나 할까.

다도의 자리에서는 향을 피우고 공간을 청결하게 하는 풍습이 있다. 이때 향을 감상하는 일은 '문향(聞香)'이라고 표현한다. 이는 후각으로 단순히 냄새를 맡는 것이 아니라 마음을 기울여 '향에 맞춰 듣고', '맛본다'는 식이다. 이러한 오랜 전통도 생각하면서 애프터눈 티를 교토에서 경험해 보길 바란다.

또 하나의 향, '홍차'를 즐기고 싶다면?

애프터눈 티를 즐기면서 홍차의 향까지도 즐기고 싶다면, 로네펠트가 블렌딩한 '다르질링 더 리츠 칼튼 교토 오리지널 블렌드(Darjeeling The Ritz-Carlton, Kyoto Original Blend)'를 추천한다. 그리고 교토(京都)·와즈카정(和束町)의 가미시마소녹원(上嶋爽禄園)의 녹차 블렌드 '산자수명(山紫水明)'도 훌륭하다. 오직 이곳에서만 경험할 수 있는 특별한 향기를 반드시 경험해 보길 바란다.

홍차를 항상 따뜻하게 즐길 수 있도록 티포트를 포트 워머에 올려서 서비스한다. 장미 향이 훌륭한 '차이나 로즈 페탈(China Rose Petals)'도 인기가 높다.

귀부인의 작은 입에도 쏙 들어가는 한입 크기의 아름다운 티 푸드. 왼쪽 위부터 시계 방향으로 「세프버섯(cèpe) 슈크림」, 「생햄·당근라페·호박샌드위치·에피스(epice)」, 「옥수수·대게·캐러멀라이즈드 너트 타르트」, 「덕 푸아그라·드라이 프루츠·루비포트와인 젤리·브리오슈 토스트」, 「훈제 연어·크림치즈·오이·오픈 샌드위치·레몬젤리·바질 악센트」.

제 1 장 '호텔 애프터눈 티'를 즐기는 방법

플레인 스콘과
스콘 앵피니망 마룬
(Infiniment maroon).

 | 피에르 에르메 파리의 레시피로 만드는
캐러멜 초콜릿 스콘 (Caramel Chocloate Scone)

【🍮 재료】적정량

- A 강력분 110g/
  프랑스 제빵용 밀가루 110g
- B 베이킹파우더 14g/그래뉴당 40g
- 버터(무염) 40g
- 카카오 조각 60g
- 우유 60g
- 더블 크림(유지방 함유 48%) 220g
- 그뤼에 드 카카오(Grué de Cacao) 60g
- 도뤼르(dorure)(푼 계란, 아래 참조) 적당량

【🍮 사전 준비 과정】

- A를 섞는다.
- 전란 200g, 계란 노른자 100g, 그래뉴당 10g, 소금 3g을 섞어 도뤼르를 만든다.

【🍮 만드는 방법】

1 차가운 버터를 밀방망이로 부드럽게 다진다.
2 믹서에 A와 B를 넣고 여기에 1을 넣은 뒤 보슬보슬할 때까지 섞는다.
3 카카오 조각들을 40도에서 녹인 뒤 우유를 2회에 나눠서 넣고 고무 주걱으로 휘저어 반질반질하게 한다.
4 2에 3과 더블 크림을 넣어 믹서를 조금 돌린다. 여기에 그뤼에 드 카카오를 넣고 다시 휘젓는다.
5 랩 위에 4를 놓고 랩을 씌워 밀방망이로 1.5cm 두께로 늘리고 냉장고에 한동안 둔다.
6 오븐을 180도로 예열한다. 5를 지름 4.5cm의 원형 틀에 넣는다.
7 오븐 시트를 깔아 놓은 널빤지에 6을 펴 놓고 표면에 도뤼르를 솔로 칠한다. 온도를 160도로 내리고 12분간 굽는다. 다 구운 뒤에는 그물망에서 식힌다.

Memo

◆ 맛의 비밀은 더블 크림. 산미의 유지방 함유량이 높은 크림의 종류이다. 구할 수 없는 경우는 유지방 성분의 함량이 높은 생크림으로 대신한다. 고형크림을 사용해도 맛있다.
◆ 스콘을 맛있게 다시 데우려면 전자레인지에 30초간 데우고 오븐 토스터에 1분간 더 가열하면 된다. 이때 물을 뿌릴 필요는 없다.

파리의 호텔에서 애프터눈 티를 경험할 때 피에르 에르메 파리의 이스파한 스콘을 접하고 큰 충격을 받은 적이 있다. 기존 스콘의 개념을 완전히 뒤엎은 듯한 느낌의 독특한 에르메의 세계관이 반영된 풍미와 식감이었기 때문이다. 프랑스인 파티시에 데마네 셰프는 영국과 프랑스의 스콘에 있는 차이점을 설명해 준다.

"솔직히 에르메 스콘은 갓 굽고 난 뒤에 이미 맛이 결정되기 때문에 저로서는 아무것도 바르지 않은 상태로 맛볼 것을 권장해요."

고형크림과 잼을 발라서 완성된다고 생각되는 영국 정통의 스콘과 아무것도 바르지 않아도 자체로 완성된 프랑스 스콘에는 그와 같은 차이가 있는 것이다. 그렇다면 9종의 스콘을 처음에는 아무것도 바르지 않고, 다음에는 잼을 바르고, 마지막에는 크림을 발라 세 단계로 순차적으로 맛을 즐겨 본다면 더욱더 훌륭한 경험이 되지 않을까.

스콘 여담
리츠 칼튼 교토

스콘 워머(scorn warmer)가 달린 3단 케이크 스탠드(또는 트레이)는 20세기에 들어 영국에서 탄생한 아이템이다.

로비 라운지

교토	「애프터눈 티」 메뉴 1인분 / 약 48,000원(VAT·서비스료 별도)
시간	120분제
다기	나루미(Narumi), J.L 코케(Coquet)
나이프·포크류	크리스토플(Christofle)
티 푸드	세이버리 4~5종, 스위트 4종, 플레인 스콘과 또 다른 스콘 1종
잼	1종
고형크림	나카자와유업(中沢乳業). 리필도 가능하지만 유료이다.
홍차	'로네펠트'의 티 실렉션 약 8종, 계절성 티 1종, 인퓨전 앤드 루이보스 9종, 일본 티 1종에서 택일할 수 있다. 티의 변경은 1회까지만 가능하다. 티포트로 리필할 수 있고, 저그 서비스도 주문할 수 있다. 허브티는 농도가 변하지 않도록 더블 포트 스타일로 서비스된다.
우유	홋카이도산 고온 살균 우유가 차가운 상태로 서비스된다. 따뜻한 우유로 주문할 수도 있다.
홈페이지	https://www.ritzcarlton.com/jp/hotels/japan/kyoto 메뉴 내용, 시스템, 가격, 시간 등은 변동될 수 있다. 자세한 내용은 홈페이지에서 확인해 주세요.

애프터눈 티의 본질은 '생활 예술'의 탐닉!

'생활 예술'이란?

애프터눈 티는 오감을 일깨워서 '생활 예술'을 즐기는 일이다. 다도에 비추어 생각하면 이해하기가 더 쉬울 수 있다. 일본의 정통 다도인 차노유(茶の湯)는 단순히 차와 과자를 먹는 것을 넘어 차실 공간에 설치된 족자와 미술품, 꽃과 꽃병, 향, 다기 등 차를 즐기는 데 필요한 전체적인 사물과 공간을 통해서 사람들이 한가로운 정신과 생활 예술을 탐닉하는 것이다.

영국의 애프터눈 티도 마찬가지이다. 홍차와 티 푸드를 단순히 경험하는 일을 넘어서 실내 건축 양식, 회화, 직물, 찻잔, 은제 식기 등을 오감(시각·미각·후각·청각·촉각)을 통하여 온전히 경험하는 것이야말로 애프터눈 티를 가장 훌륭하게 즐기는 방법이다.

생활 예술을 익히면서 친숙해지는 일은 신사 숙녀가 갖추어야 할 소양이라고는 하지만, 그것을 감상하는 일은 또 다른 일로서 오로지 생활 속에서 실천함으로써 그 의미가 깊어지는 것이다.

생활 예술의 기본을 구축하는 '격식미'

영국에서 애프터눈 티에 초대를 받은 사람은 아마도 그 가옥(또는 저택)의 실내에서부터 실외의 정원에 이르기까지 전부를 둘러보게 될 것이다. 그때 안주인이 처음으로 화제로 삼는 것이 가옥(또는 저택)의 건축 양식이다.

예를 들면, 안주인이 "저희 집은 조지 건축 양식이에요"라고 소개할 경우는 주위를 유심히 살펴보길 바란다. 대칭적인 외관의 설계에 맞춰 가구들이 일정하게 배치되고, 다기와 직물 등으로 실내가 중후하게 장식되어 있으며, 이에 더해 은제, 도자기 식기까지 모두 조지 양식으로 통일되어 있을 것이다.

생활 예술의 기본을 일정한 격식미(格式美)에 바탕을 둔 것이다. 건축물에서 스콘에 이르기까지 일정한 격식을 갖추어 공간 전체의 균형을 잡아 '편안한 마음으로 생활하는 미학'의 사고가 깔려 있다.

애프터눈 티와 오감과의 관계

생활 예술을 제대로 즐기기 위해서는 오감을 민감하게 할 필요가 있다. 애프터눈 티와 오감과의 관계에 대해 알아보자.

1. 미각

홍차와 티 푸드에서 다섯 가지 맛(단맛·짠맛·신맛·쓴맛·감칠맛)의 깊이를 마음껏 느껴 본다.

티 푸드를 즐기는 데는 미각, 시각뿐 아니라 촉각도 중요하게 동원되는 감각이다. 일류 셰프가 만든 티 푸드는 대개 오감 전체가 즐길 수 있도록 구성되어 있다.

2. 후각

홍차의 방향성 성분은 300종류가 넘는다. 이 방향성 분자는 직접적으로 뇌를 자극한다.

3. 시각

테이블 위에 놓인 홍차의 빛깔과 티 푸드의 아름다운 자태, 찻잔 세트의 모양과 꽃병, 가구와 도구의 디자인, 실내 장식에서 건축 양식까지 하나하나 단편적으로 보는 것이 아니고 그것들이 이루는 공간 전체를 지긋이 즐겨 본다.

4. 촉각

일반적으로 간과하기 쉬운 것이 촉각이다. 아름다운 물건을 만져 보고 경험할 수 있는 감각이야말로 애프터눈 티의 숨은 묘미이다. 건물에 들어서면 제일 먼저 대리석의 느낌과 오래된 나무의 상태, 융단을 밟는 쾌감 등을 즐긴다. 또한 의자에 앉을 때의 감촉, 티 냅킨의 촉감, 찻잔과 은제의 도구에 닿는 입술의 촉감 등도 탐미한다. 맨 나중에 티 푸드를 씹는 맛, 탄력, 부드러움, 홍차의 목 넘김을 느낀다. 촉각은 미각과 함께 식감을 주는 감각이다.

홍차를 마실 때는 향(후각), 식감(촉각), 찻잔과 홍차의 찻빛(시각), 풍미(미각)를 전체로 경험해 보자.

5. 청각

음악은 애프터눈 티의 중요한 요소 중 하나이다. 빅토리아 시대에는 현악 4중주와 피아노, 하프 등으로 실제 연주가 유행하였다. 공간에 흐르는 배경 음악에도 귀를 기울여 보자.

응접실(살롱)과 로비에 피아노가 놓인 곳도 있다. 애프터눈 티가 성행하였던 19세기에는 음악도 홍차와 퍼티 푸르에 버금갈 정도로 매우 중요하게 생각하였다. 사진은 '초라쿠칸(長楽館)' 로비에 있는 오스트리아 피아노 브랜드 '뵈젠도르퍼(Bösendorfer)'. '세계 3대 피아노'의 브랜드로 알려져 있다.

제 1 장 '호텔 애프터눈 티'를 즐기는 방법

영국 애프터눈 티의 시대별 세 가지 양식!

양식(樣式, Style)은 그 시대에 유행한 트렌드를 말한다.
영국은 시대에 따라 건축, 가구, 장식품, 실내 장식, 은제, 도자기 식기 등에
당시 통치하는 군주의 취향이 적극적으로 반영되었다.
따라서 군주의 이름이 곧 양식의 이름으로 사용되었다.
여기서는 의자와 티포트를 나열하면서 알아 두면 티타임이
더욱더 즐거워지는 세 양식, '퀸 앤 양식(Queen Anne Style)',
'조지 양식(Georgian Style)', '빅토리아 양식(Victorian Style)'에 관해서 간략히 소개한다.

퀸 앤 양식 *Queen Anne Style*
1702-1714

앤 여왕(Queen Anne, 1665~1714)이 통치하던 시대에 유행하던
양식이다. 중세 시대에는 가구와 일상 도구들을 신분을 과시할
목적으로 호화롭게 만들었지만, 앤 여왕의 시대에는 그러한
물건들을 보기에도 기분이 좋고 사용도 편리한 실용성을
갖추도록 만들었다. 그로 인해 퀸 앤 양식에서는 매우 여성스럽고
우아한 곡선미와 시누아즈리(Chinoiserie) 양식이 돋보인다.
티를 무척이나 좋아하였던 앤 여왕은 영국의 인테리어와
티 세트의 디자인에 커다란 영향을 주었다. 이 양식은
오늘날까지도 전 세계인들의 사랑을 받고 있다.

· 의자 ·
가구는 호두나무 목재가 유행하였다.
호두나무는 재질이 부드럽고, 나뭇결이
매우 섬세하다.

· 티포트 ·
퀸 앤 양식의 티포트.

조지 양식 *Georgian Style*
1714·1830

· 의자 ·

조지 1세부터 4세까지 100년에 걸쳐 4명의 왕이 통치하던 시대의 양식이다. 고대 그리스·로마 시대의 디자인을 도입한 네오클래식 스타일(신고전주의 양식)을 기반으로 좌우대칭의 균형을 이루는 가운데 선명한 아름다움과 간결하면서도 고전적인 구조가 특징이다. 고전주의에서 모티브를 얻은 단정함에 매우 우아하고 세련된 아름다움이 더해진 양식이다.

가구는 마호가니 목재가 유행하였다. 마호가니는 재질이 단단하면서도 가볍고, 적갈색을 띤다.

· 티포트 ·

조지 양식의 티포트.

빅토리아 양식 *Victorian Style*
1837-1901

· 의자 ·

빅토리아 여왕이 통치하던 시대의 스타일. 여왕은 자신의 취향을 적극적으로 도입하여 매우 화려하면서도 독특한 디자인을 밑바탕으로 과거의 다양한 양식들을 혼합시켰다. 로코코(Rococo), 고딕(Gothic), 르네상스(Renaissance), 바로크(Baroque) 등 고전주의 양식을 부활시켜 많은 장식에 융합해 디자인이 화려하면서도 매우 독특한 절충식 양식이다.

가구는 새틴우드(satinwood) 목재가 유행하였다. 새틴우드는 광택이 곱고 부드러운 직물인 새틴(satin)과 질감이 비슷하다.

· 티포트 ·

빅토리아 시대 로코코 양식의 티포트.

동경(憧憬)의 응접실에서 오감을 통해 특별한 순간을 만나다!

응접실에서 감탄하는 이유는?

섬세하고 우아하게 장식된 건물의 입구(파사드).

우아한 신사 숙녀들이 애프터눈 티를 즐기는 멋진 공간. 더욱이 응접실에서 애프터눈 티를 즐길 수 있다면? 그러한 꿈과 같은 경험을 누려 보고 싶지 않은지? 그러한 바람이 이루어질 장소가 교토에도 있다. 프랑스에서는 오베르주(auberge)라고 부르는 최고급 레스토랑, '초라쿠칸(長樂館)'이다.

초라쿠칸이 탄생한 시기는 1909년이다. 당시 기업가인 무라이 요시베이(村井吉兵衛)가 자신의 사비를 들여 영빈관으로 건축하였다. 온갖 사치를 부려 우아함을 풍기는 정취는 도쿄의 로쿠메이칸(鹿鳴館)에 뒤지지 않을 정도여서 영국의 국왕 에드워드 8세(Edward VIII, 1894~1972)를 비롯해 세계 각국의 대사들을 환영하는 장소로 사용되었다.

이곳에서도 애프터눈 티를 경험할 수 있는 장소는 본고장인 영국의 응접실(살롱) 유행을 이어받은 로코코 양식의 '영빈실(迎賓の間)'이다. 일본에 현존하는 서양관 중에서도 이보다 더 아름다운 형태로 유지된 응접실은 또 보기가 어렵다. 유형문화재로서 역사적인 건축물을 보존 및 유지하는 것도 매우 큰일이지만, 누구나 방문하여 애프터눈 티를 자유롭게 즐길 수 있는 장소로 개방하는 일도 정말 어려운 일이다.

일체감이 돋보이는 실내 장식.

빅토리아 시대에 공식적인 애프터눈 티는 귀족의 저택 내에서도 '드로잉 룸(drawing room)'에서 진행되었다. 드로잉 룸의 사전적인 의미는 '응접실'이지만, 실제 영국에서는 그 이상의 문화적인 의미를 품고 있다.

영빈실은 애프터눈 티를 위한 공간이다. 애프터눈 티가 영국에서 처음 탄생한 워번 애비의 '블루 드로잉 룸(Blue Drawing Room)'(21쪽)을 연상시킨다. 낮은 탁자와 소파의 밀착된 배치는 격조 높은 애프터눈 티의 스타일이다.

제1장 '호텔 애프터눈 티'를 즐기는 방법

내벽에서 천장에 걸쳐 새겨진 풍부한 회반죽의 새김. 여성스러운 분홍색과 하얀색이 조화로운 가운데 리본, 화환, 조개 등이 모티프를 이룬다. 바야흐로 빅토리 시대 로코코 양식의 극치이다.

영국에서는 관습적으로 신사 숙녀가 디너 타임을 즐긴 뒤 별실로 이동하여 남녀 별로 애프터 디너 타임을 보냈다. 그중 여성들이 다이닝 룸에서 나와 느긋한 마음으로 티 한 잔을 마시면서 여담을 나누는 방이 바로 응접실인 것이다.

이러한 응접실은 동양에서 '차실(茶室)'의 역할을 하는 공간이다. 차를 즐기는 사람에게 차실은 '봉사하는 마음'을 구현하는 특별 장소이다. 일본의 근대 정치가 도요토미 히데요시(豊臣秀吉, 1536~1598)가 황금으로 장식된 차실을 고수하였던 것은 그것이 권력의 상징이었기 때문이다.

이와 마찬가지로 응접실이라는 전용 티룸을 지적으로, 감각적으로 장식하는 일은 당시 귀족층에서는 신분을 나타내는 상징이었다. 귀족의 우아한 생활을 상징하는 이러한 응접실은 당시 중산층에게는 결코 경험할 수 없는 동경의 장소였다.

이같이 응접실은 당시 영국에서도 매우 드문 공간이었다. 그러한 응접실이 오늘날 일본에도 존재하고, 동시에 지금껏 경험해 보지 못한 아름다운 공간 속에서 애프터눈 티까지도 즐길 수 있는 것이다. 시공을 초월하여 기적과도 같은 문화가 영빈실 문 너머로 펼쳐진다.

오감을 완전히 동원하는 새로운 애프터눈 티 가이드!

초라쿠칸에서 즐기는 애프터눈 티의 묘미는 미술관에서 유리 너머로 예술품을 감상하는 일이 아니라 실제로 생활 가운데 대대로 전승된 생활 예술을 모든 오감을 동원해 즐길 수 있다는 것이다.

전체 공간이 격식미와 생활 예술의 보고인 '저택 박물관'과도 같은 곳에서 제대로 애프터눈 티를 경험해 보자.

건물 정면 입구인 '파사드'의 섬세한 양식!

애프터눈 티의 즐거움은 건축 양식과 실내 장식을 탐미하는 일에서부터 시작된다. 먼저 건축 외관에서부터 접근한다. 벽돌을 쌓은 아름다운 분위기를 살펴보면서 정면 입구인 '파사드(Façade)'(54쪽 사진 참조)를 주목한다.

서양 건축에서 중요한 출입문 기둥은 '이오니아 양식(Ionic Style)'이다. '벌류트'(Volute)로 불리는 나선형 장식의 문기둥을 돌아가면 머리 위로 그리는 섬세한 철제 아치의 가운데에 호젓이 가문의 문장인 세 개의 떡갈나무 잎이 새겨져 있다.

건물에 들어서면 중후한 느낌이 감도는 입구가 있다. 철제 아치 뒤쪽의 스테인드글라스에서 나오는 우아한 빛들을 받은 채 바다 소리를 들으며 안으로 들어간다. 천연 목재의 향을 맡는 순간 멈춰서 위를 본다. 계단에서 천장에 이르기까지 멋진 목공예 장식이(54쪽 사진 참조) 시선에 들어온다.

빅토리아 시대 로코코 양식의 응접실

안내를 받아 들어가는 영빈실(55쪽 사진 참조)은 로코코 양식이다. 중후한 입구와는 사뭇 분위기가 다르다. 로코코는 다양한 곡선이 우아한 디자인으로 '로카이유(Rocaille)'(암석, 조개, 식물 모양의 장식)가 그 어원이다. 프랑스의 국왕 루이 15세(Louis XV, 1710~1774) 시대에 유행한 양식이다.

로코코 사조의 양식은 애프터눈 티를 선보이는 티룸에서는 매우 일반적인 스타일이다. 애프터눈 티가 유행한 때가 로코코 양식이 부활한 '네오 로코코(Neo-rococo)'의 시대였기 때문이다. 그로 인해 빅토리아 여왕이 좋아한 화려하면서 독특한 로코코 양식의 응접실은 사람들에게 동경의 대상이었다.

맨틀피스 앞의 특등석.

응접실에 들어서면 공간 전체를 차분히 둘러보고 장식용 벽난로인 맨틀피스를 중심으로 실내 구조를 유심히 보기를 바란다(오른쪽 사진 참조). 이 공간은 차실로 말하면 '도코노마(床の間)'에 해당하는 곳으로 실내 장식에서 시선이 가장 집중

되는 곳이다. 영국 귀족의 저택을 방문하면 높이가 천장에까지 이르는 호화찬란한 모습으로 마치 예술품같이 보이는 맨틀피스도 있다. 이는 귀족의 센스와 격조를 한눈에 보여 주는 상징물이다.

한편 일본 주택의 도코노마는 '영원'을 뜻하면서 번영을 상징하는 신성한 공간이다. 이곳에는 주인이 자신의 취향에 맞게 차에 관한 족자, 꽃, 향로를 놓는다. 맨틀피스도 그런 도코노마와 마찬가지로 주인의 취향에 맞게 꾸민 '작은 미술관'이다. 맨틀피스 상부의 공간에 계절의 변화를 감지하는 어레인지먼트 오브제(arrangement objet)와 시계, 벽에는 거울과 주제에 맞는 회화, 태피스트리 등을 장식함으로써 독창적인 미가 넘치는 공간으로 꾸민다.

일본에 설치된 맨틀피스는 보통 장식용인 것이 많지만, 초라쿠칸의 벽난로는 장식용이 아니라 추운 날에 실제로 불을 지필 수 있다. 약 100년 전에 건축된 초라쿠칸이 영국 귀족층의 서양식 스타일을 따르고 있다는 점에서 의미가 깊다.

대리석으로 제작된 맨틀피스를 정면에서 바라보면 오스트리아 바카라(Baccarat) 브랜드의 크리스털제 샹들리에가 거울의 중심에 오도록 배치되어 있다. 거울에 비치는 모습까지 대칭을 맞춘 섬세함에 놀라움을 느낄 수 있다.

다도와 애프터눈 티의 미의식에 대한 차이점

일본의 도코노마와 영국의 맨틀피스, 모두 주택의 역사와 품격을 나타내고 손님에 대한 접대의 센스를 엿볼 수 있다는 점에서는 같지만 크게 다른 점도 있다. 그것은 미의식이다.

일본인의 미의식은 불완전하고 불균형적인 것, 미완의 물건에서 미를 끌어내는 '선(禪)'의 정신과 통하는 '부족의 미'가 있다. 도코노마가 좌우 비대칭을 보이는 것은 그러한 부족의 미의식이 발로한 것이다. 반면에 서양의 미의식은 '완벽미'로서 균형이 잘 맞으면서 화려하고 찬란한 것을 추구한다. 초라쿠칸에도 맨틀피스를 중심으로 장식 기둥과 전등 가리개는 좌우대칭으로 배치되어 있다. 좌우대칭은 서양인이 갖는 절대적인 균형 감각이다. 서양의 응접실뿐만 아니라 초라쿠칸도 전체적으로는 대칭적인 양식이다.

사진은 헝가리 고급 도자기 업체인 헤렌드 포슬린(Herend Porcelain)을 대표하는 패턴, 「아포니 그린(Apponyi Green)」을 주제로 한 티포트와 찻잔 세트. 티포트 손잡이 부위의 장미 문양이 주목할 점이다. 장인이 직접 그린 꽃잎 하나하나의 섬세함에 놀라움을 금할 길이 없다.

애프터눈 티의 최절정은 '테이블 예술'!

마침내 애프터눈 티의 절정인 테이블에 도착하면 '실내 장식의 최종 마무리'인 테이블 예술을 탐미한다. 테이블의 기본 구성은 티 세트, 식탁용 나이프, 포크, 리넨 테이블보이다.

애프터눈 티에서는 이 물건들을 눈으로만 보는 것이 아니라 실제로 사용하면서 경험할 수 있는 것이 중요하다. 테이블 코디네이션의 아름다움과 리넨의 촉감, 찻잔과 유리잔, 나이프 및 포크의 무게감, 입술에 대었을 때의 촉감 등 세심한 부분까지 의식하면서 애프터눈 티를 즐겨 보길 바란다.

'헤렌드'가 창조한 세계!

애프터눈 티에서 찻잔 세트는 티 모임 전체의 품격을 좌우하는 매우 중요한 요소이다. 다도와 마찬가지로 찻잔 세트에 관한 지식을 탐구하는 일도 생활 예술에서 큰 즐거움이 될 것이다. 예를 들면, 찻잔에 따라서 홍차의 맛도 달라지기 때문이다.

초라쿠칸에서 쓰는 찻잔은 '헤렌드(Herend)' 브랜드이다. 이 브랜드는 빅토리아 시대 귀족 저택에서 유행한 '특별 환대'를 나타낸다. 따라서 오늘날에도 영국 상류층 가정의 캐비닛에서 자주 볼 수 있다. 애국심이 유달리 강한 영국인이 도대체 왜 헝가리 브랜드의 찻잔 세트를 선택한 것일까? 이는 매우 이상하게 생각될 수 있다.

그 이유는 역사를 살펴보면 알 수 있다. 1851년 런던에서는 '제1회 만국박람회'가 열렸다. 당시 빅토리아 여왕이 박람회장에 방문하여 헤렌드 찻잔 세트를 본 뒤 한눈에 반하여 그 자리에서 디너 도자기 세트를 주문한 결과 일약 유명 브랜드가 된 것이다.

여왕의 취향을 뒤쫓는 왕족이나 귀족들로부터 주문을 받은 헤렌드 업체는 주문자의

제1장 '호텔 애프터눈 티'를 즐기는 방법

눈을 휘둥그렇게 하는 난간 기둥의 장식. 빅토리아 여왕도 매우 좋아하여 건축에 사용하게 한 리본 모티프가 귀엽다. 손으로 만지면 매끄러운 자연목의 질감과 중후한 모양새에 아마도 처음 보는 사람들은 놀랄 것이다.

옷장은 빅토리아 시대의 영국 가구를 상징하는 브랜드인 메이플(Maple)의 제품. 상급의 마호가니 목재를 사용하고 디자인이 세련된 것으로 유명하여 메이플 가구들은 당시 왕실과 귀족들로부터 많은 사랑을 받았다.

생활양식에 맞춰 그릇의 크기에서부터 디자인의 문양에 이르기까지 세세한 요구를 전부 수용하여 '주문자 생산 방식'으로 납품하면서 당시 큰 붐을 일으켰다.

더욱이 중국 취향의 독특한 그림과 이색적인 백자의 아름다움은 큰 인기를 끌었다. 숙련된 화가가 공방에서 손으로 정성껏 그린 높은 예술성은 오늘날에도 '실용의 미'를 최상의 과제로 추구하는 사람들로부터 큰 지지를 받고 있다.

매우 화려하면서 아름다운 모습과 섬세한 디자인의 손잡이를 쥐었을 때 느껴지는 부드러운 감촉, 그리고 속이 비쳐 보일 정도로 하얗고 투명한 것이 헤렌드 백자 찻잔에서만 오롯이 느껴 볼 수 있는 즐거움이다. 오감을 완전히 동원하여 헤렌드 업체가 창조한 즐거움의 세계를 경험해 보길 바란다.

공간 전체의 상세한 탐미가 중요!

초라쿠칸만의 멋진 모습은 여기서 끝나지 않는다. 애프터눈 티를 경험한 뒤 즐거운 마음으로 위층까지 올라가 보길 바란다. 거기에는 시대를 거쳐온 계단, 난간에 새겨진 화려한 조각, 방을 가득 채운 유형문화재 가구와 도구류가 방문객들의 발길을 기다리고 있다.

오랜 세월 속에서도 하나하나가 소중하게 그 공간에 자리하는 것만으로도 역사 속에서 성장해 온 미의식과 세계관을 접할 수 있다. 오래전 사람들의 화려한 생활을 상상하면서 잠시 감상해 보길 바란다.

Scone

강력분 100%! 탄력 있게 촉촉이 부푼
플레인 스콘과 크랜베리 스콘

Memo

◆ 강력분을 포함해 모든 재료를 차가운 상태에서 만든다. 크랜베리는 리큐어에 쟁여 놓은 것을 사용한다.

영빈실	교토	「애프터눈 티 세트」 1인분 / 약 40,000원(VAT 별도·서비스료 포함)/2인부터 예약 가능
	시간	120분제
	다기	헤렌드, 오쿠라 도원(大倉陶園) 등
	티 푸드	아페리티프 1종, 티 푸드 4종, 일반 페이스트리 5종, 딜라이트 페이스트리 1접시, 수제 스콘 2종
	잼	1종
	고형크림	나카자와유업(보관 온도는 섭씨 2도를 엄수), 리필도 가능하다(유료).
	홍차	스리랑카 홍차 '믈레스나 티(Mlesna Tea)', GMT(Good Medicine Tea)부터 약 10종. 티를 변경할 수 있다.
	우유	상온의 우유를 기본적으로 서비스한다. 주문에 따라 따뜻한 우유도 제공한다.
	홈페이지	https://www.chourakukan.co.jp/ 메뉴 내용, 시스템, 가격, 시간 등은 변동될 수 있다. 자세한 내용은 홈페이지에서 확인해 주세요.

홍차와 티 푸드의 페어링

와인을 고르듯 홍차도 신중하게 선택해야!

애프터눈 티 메뉴판의 「티 실렉션(Tea Selection)」에서 아래로 길게 이어지는 수많은 품목의 티들을 보고 있으면 순간 어떤 티를 골라야 할지 망설여지는 경우가 있다. 홍차와 티 푸드에서 상대적으로 궁합이 잘 맞는 페어링을 발견할 수만 있다면 애프터눈 티의 맛과 즐거움은 더욱더 깊어질 것이다.

그런데 와인을 고르듯이 홍차를 선택하면 과연 어떨까? 홍차의 주성분도 사실 와인의 경우와 마찬가지로 타닌(tannin)이다. 떫은맛을 내는 성분인 타닌은 유지방(乳脂肪) 성분을 중화하는 기능이 있어 단 음식과 기름진 음식의 맛을 함께 제거함으로써 입안을 산뜻하게 초기화해 다음의 음식을 입안에서 더욱더 맛있게 느끼게 하는 효과가 있다.

홍차를 '레드 와인'과 '화이트 와인'으로 비교해 생각해 보자. 홍차에 사용되는 찻잎은 크게 '아삼종(Camellia Sinensis var. assamica)'과 '중국종(Camellia Sinensis var. sinensis)'의 두 가지로 나뉜다.

그중 타닌 함유량이 풍부한 아삼종은 '풀바디감(full bodied)'으로 무거운 느낌의 레드 와인과, 타닌 함유량은 적지만 아미노산이 풍부한 중국종은 산뜻하여 '마우스필(mouthfeel)'이 훌륭한 화이트 와인에 비견된다.

이러한 지식을 바탕으로 애프터눈 티의 메뉴에서 세이버리류의 티 푸드로부터 시작하여 단맛의 스위트류까지 페어링을 조합해 나간다. 그리고 접시에 담긴 스콘에는 스리랑카 홍차인 '우바(Uva)'와 '딤불라(Dimbula)'를 각각 스트레이트와 밀크 티로 만들어 교대로 페어링해 보고, 마지막으로 또 다른 접시의 페이스트리에는 인도 홍차인 '아삼(Assam)'과 '닐기리(Nilgiri)'를 밀크 티로 만들어 바꾸어 가며 페어링하는 방법이 있다.

물론 모든 식자재에 제철이 있듯이, 홍차에도 봄차, 여름차와 같이 '퀄리티 시즌(quality season)'이라는 제철 시기가 있다. 따라서 홍차와 티 푸드도 제철 시기가 서로 맞도록 페어링하는 것이 좋다.

'향'의 페어링도 중요!

홍차는 향이 매우 훌륭하기 때문에 맛뿐만 아니라 향의 페어링도 중요하다. 인도의 다르질링과 스리랑카의 우바 등 찻잎 본래의 섬세한 향이 매우 훌륭한 경우에는 녹차와 같이 가볍게 우려낼 것을 권장한다. 이러한 홍차에는 일본의 화과자(和菓子)나 중국의 스위트를 페어링한다.

반면 찻잎에 방향성 성분을 인위적으로 가한 '플레이버드 티(flavored tea)'는 기분의 전환을 위한 한 잔으로는 최적이지만, 가향된 강도로 인해 음식과 조화를 기대하기가 어려운 점도 있다. 그런데 이 지점에서 주목되는 요소가 온도이다.

홍차는 우려내는 온도에 따라 추출되는 함유 성분이 달라진다. 같은 찻잎이라도 고온으로 우린 경우에는(뜨거운 티) 향이 인상적이면서 맛도 깔끔하고, 저온에서 우린 경우에는(아이스티) 풍미가 상쾌하고 청량하다.

그런데 미각은 온도가 낮을수록 감각이 둔해진다. 아이스티는 뜨거운 티보다 풍미를 덜 느끼게 되는 것이다. 음식과 페어링을 고려할 때, 플레이버드 티의 향이 강한 경우에는 아이스티로 우려낼 것을 권장한다. 마음에 드는 플레이버드 티가 있다면 뜨거운 티로, 또는 아이스티로 우려내 음식과 페어링을 비교해 보는 것도 또 하나의 즐거움이다.

훈연향의 정산소종/랍상소충

영국인들 중에는 홍차의 자연스러운 향을 선호하고 인공적인 향은 피하는 사람이 많다고 한다. 그렇지만 '이것만은 특별하다'는 홍차가 있다. 서양에서는 '랍상소총(Lapsang Souchong)'이라고 부르는 중국의 홍차 '정산소종(正山小種)'이다. 소나무를 장작으로 불을 지펴 그 연기로 훈연한 세계적인 홍차이다.

애프터눈 티가 유행한 빅토리아 시대에 이 동양의 이국적인 향이 상류층에서 크게 번진 뒤로 오늘까지도 정산소종은 고귀한 홍차로 여겨지고 있다. 영국에서는 '스카치 위스키향(Scotch whisky flavor)'이라고 하여 많은 사람이 즐겨 마신다.

과자와는 맛을 맞추기가 좀 어렵다는 느낌도 있지만, 훈제 연어 샌드위치와 페어링한다면 아마도 놀라운 맛을 경험할 것이다. 같은 훈제라는 점에서 향미에 일체감이 생겨 서로 끌어당기는 궁합이 훌륭하다. 특히 육류 요리, 훈제 치즈와 궁합이 잘 맞는다.

다만, 정산소종을 연수(단물)로 우려내면 훈연향이 다소 강하게 풍겨 맛이 없다는 사람도 있다. 따라서 물이 연수인 지역의 호텔에서는 메뉴로 내지 않기도 한다. 그런 경우에는 같은 중국종의 찻잎으로 만든 홍차인 '기문(祁門)'과 부분 산화차인 '우롱차(烏龍茶)' 등으로 대체하여 음식과 페어링을 시도해 보길 바란다.

제1장 '호텔 애프터눈 티'를 즐기는 방법

탐방
파크 하얏트 도쿄
Park Hyatt Tokyo

'오랑제리'를 연상시키는 천상의 낙원에서 티타임을!

'플래터 서비스'는 영국 정통 스타일

1994년 첫 문을 열 당시부터 오늘날에 이르기까지 일본 애프터눈 티를 세계적인 수준으로까지 끌어올린 곳이 있다. '파크 하얏트 도쿄(Park Hyatt Tokyo)' 호텔의 '피크 라운지(The Peak Lounge)'이다.

이 라운지는 유리로 된 천장에서 자연 햇살이 내리쬐는 광경이 마치 영국 런던 '켄싱턴 궁전(Kensington Palace)'의 정원 온실을 개조한 레스토랑 '오랑제리(The Orangery)'를 떠올리게 한다.

이 오랑제리는 18세기 유럽 귀족 사회에서 대유행한 '오렌지를 재배하는 정원 온실'을 가리키는 것이다. 이곳에서 귀족들은 티타임을 즐겼다. 그러한 사치스러운 공간은 300년이 지난 오늘날에도 애프터눈 티의 명소로 자리를 잡고 있다.

피크 라운지에서는 세이버리를 먹은 다음에 스콘을 먹을 때면 "얼마든지 마음껏 드세요"라는 소개와 함께 셰프의 스페셜인 핑거 푸드가 서빙용 큰 접시인 '플래터(platter)'에 놓여 등장한다. 그리고 페이스트리를 다 먹을 즈음에는 호화스러운 스위트들이 놓인 플래터가 다시 이어진다.

상황이 이쯤 되면 '마음껏 먹을 수 있으니 이 얼마나 큰 이득이야!'라는 생각이 들 수도 있다. 사실 티 푸드가 리필이 되는 스타일이야말로 오리지널 영국식의 애프터눈 티이다.

다만 저택에서 벌어지는 대형 티 세리머니에서는 '티 푸드를 한 번에 다 먹지 않는 것'이 관례이다. 빅토리아 시대에 귀족들 사이에서는 나름 '티 푸드는 호화롭고 충분하게 준비해야 한다'는 불문율이 있었는데, 그런 상황에서 손님들이 티 푸드를 전부 다 먹어 버리면 '딱 먹을 만큼의 양만 준비했구나'라고 사람들이 오해할 수도 있기 때문이다. 티 푸드

'도심의 오아시스'라는 표현이 딱 들어맞는 티타임의 공간인 피크 라운지.

를 정성껏 준비하여 자신들을 초대한 사람에 대한 최소한의 배려인 것이다.

한편, 그러한 불문율의 격식에 따라 영국의 일류 호텔에서는 마지막 한입거리를 손에 쥔 순간에도 "리필은 어떤가요?"라고 물으며 웨이터가 다가온다. 끝도 없는 무제한의 리필이다.

플래터 서비스에서 티 푸드는 좋아하는 것만 골라서 먹을 수 있다. 이것이야말로 호텔 애프터눈 티의 섬세함과 환대의 진수이다.

이는 티 푸드에 티의 종류를 바꾸어 페어링하면서 '좋아하는 맛을 찾아 마음껏 즐기라'는 스타일이다. 결코 플래터가 완전히 빈 상태로 손님이 자리에서 일어나는 일이 없도록 하는 것이야말로 영국의 전통적인 환대이다.

홍차에 맞춰 티 푸드를 선택해야!

그런데 이러한 '리필의 자유'도 물론 가격에 포함되어 있다. 따라서 영국 정통 스타일로 서비스하는 런던의 호텔에서는 애프터눈 티의 가격이 그렇지 않은 곳보다 두 배에 가까이 더 높은 것이 현실이다. 대부분 호텔에서는 한 차례 플래터 서비스를 다 먹으면 애프터눈 티도 끝나는 것이 일반적이지만, 파크 하얏트 호텔 피크 라운지의 플래터 서비스는 그야말로 일본에서도 귀중한 존재라고 말할 수 있다.

페어링을 통해 다양한 맛을 즐길 수 있는 것이 플래터 서비스의 매력이다. 통상적으로는 정해진 메뉴에 따라 홍차를 고르기 때문에 티 푸드를 기준으로 홍차를 선택하는 경향이 높다. 그러나 역발상으로 홍차를 기준으로 티 푸드를 선택할 수도 있다. 플래터 서비스에서는 반드시 다양한 페어링을 시도해 보길 바란다.

여기서는 파크 하얏트 도쿄 호텔의 피크 라운지에서 즐길 수 있는 '홍차와 티 푸드의 페어링'을 몇 가지 추천한다.

홍차와 티 푸드의 페어링 사례	
레몬 녹차 × 피클	웰컴 드링크와 전채인 아뮈즈 비쉬(amuse buche)의 이미지로서 첫 잔은 아이스티로 한다.
얼그레이(홍차) × 훈제 연어 샌드위치	훈제 요리를 페어링하여 새로운 맛을 연출.
우바(홍차) × 치즈 키시(cheesy quiche)	우바의 떫은맛이 입안을 산뜻하게 하여 다음 음식을 더욱 맛있게 한다.
다르질링 세컨드 플러시(홍차) × 망고 스위트	제철의 음식들을 페어링하여 조화를 즐긴다.
아삼(홍차) × 초콜릿 무스 케이크	타닌으로 초콜릿과 크림의 기름진 성분을 분해하여 느끼한 맛을 없앤다.

제 1 장 '호텔 애프터눈 티'를 즐기는 방법

초대 셰프의 레시피를 소중히 계승한
플레인 스콘

Memo

- 레시피는 초대 셰프인 요코타 히데오(橫田秀夫)의 것을 대대로 전승한 것이다. 글루텐(찰기, 점성)이 생성되지 않도록 만든 것이다. 다만 이상한 점은 만드는 사람이나 정성에 따라서 완성도도 달라지는 것이다.
- 예약 상담을 통해 쌀가루 레시피나 계란이 안 들어가는 레시피 등 알레르기에 대응하는 스콘도 서비스된다.
- 스콘은 호텔 내 숍에서도 예약을 통해 구입할 수 있다. 맛있게 다시 굽는 방법은 180도의 오븐에서 1분 30초간 가열하면 된다. 만약 촉촉한 것을 좋아한다면 물을 뿌리고 알루미늄 포일로 싸서 굽는 것도 좋다.

피크 라운지	도쿄	「시그니처 애프터눈 티」 1인분 / 약 63,000원(VAT 포함·서비스료 별도) / 2인부터 예약 가능	
		시간	180분제
		다기	니코(Nikko)
		나이프 · 포크류	이탈리아 브랜드 「삼보네트 이탈리 (Sambonet ITALY)」
		티 푸드	세이버리, 페이스트리 각 3종씩, 스콘 2종, 퍼티 푸르 스위트와 핑거 푸드의 리필도 가능(알레르기 대응 메뉴도 서비스)
		잼	믹스 베리 잼
		고형크림	나카자와유업
		홍차	인도 다르질링 지역의 마카이바리 다원의 홍차를 비롯해 20종. 티의 변경도 가능하다.
		우유	기본적으로 차가운 상태로 서비스한다. 주문에 따라서 따뜻한 우유도 제공된다.
		홈페이지	https://restaurants.tokyo.park.hyatt.co.jp/plb.html 메뉴 내용, 시스템, 가격, 시간 등은 변동이 있을 수 있다. 자세한 내용은 홈페이지에서 확인해 주세요.

칼럼

파크 하얏트 도쿄 호텔·나카자와유업의 이종 컬래버레이션, '고형크림 개발의 비화!'

스콘에 결코 빠질 수 없는 것이 '고형크림(clotted cream)'이다. 이름 그대로 응고시킨(clotted) 크림이다. 진한 우유를 저온에서 가열한 뒤 위쪽에 뜬 연한 액체를 응고시켜 풍부한 맛을 낸 크림이다.

영국에서는 데번셔주(Devonshire)와 콘월주(Cornwall)가 양대 산지이다. 이 두 지역의 스콘은 풍미에 차이가 있어 과연 어느 것이 더 좋은지는 영국에서도 의견이 엇갈린다. '데번셔 크림(Devonshire cream)'은 색깔이 하얗고 부드러운 맛이지만, '코니시 크림(Cornish cream)'은 버터처럼 노란색에 가깝고 표면이 '크러스트(crust)'라는 막으로 둘러싸여 있다.

일본에 애프터눈 티가 들어온 지 얼마 안 된 1980년대 후반에는 스콘에 거품을 낸 생크림이 곁들여졌다. 영국에서도 간혹 더블 크림을 약간 진득하게 거품을 내 곁들이는 수도 있다. 아마도 사람들은 그 일본의 생크림이 영국의 것을 본뜬 것으로 여기겠지만, 실은 영국의 고형크림과는 아주 다른 것이다.

그런 가운데 1994년 나카자와유업이 일본 최초로 고형크림을 출시하였다. 이것은 일본 애프터눈 티 역사상 길이 남을 사건이다. 이 고형크림의 탄생은 기원이 파크 하얏트 도쿄 호텔과 깊은 관련이 있다.

당시 초대 페이스트리 셰프인 요코타 히데오(ヨ橫田秀夫)와 함께 고형크림의 개발에 참여한 나카자와유업 개발부의 이쿠가타 요시하루(行方美晴) 셰프를 방문해 당시의 비화를 들었다. 참고로 말하면, 요코타 셰프는 현재 독립하여 과자 공방인 '오크우드(Oak Wood)'를 경영하고 있다. 파크 하얏트 도쿄 호텔이 첫 문을 열 당시에 요코타 셰프는 영국 본고장의 고형크림을 반드시 도입해야 한다고 생각하였다. 수입 냉동품의 고형크림도 있었지만, 안정적인 공급을 기대할 수 없었기 때문이다. 그로 인해 몇몇 유업에 공동 개발을 추진하였는데, 그때 유일하게 손을 잡아 준 곳이 나카자와유업이었던 것이다.

당시 나카자와유업은 새로운 음식 문화를 소개하는 일에 매우 적극적인 기업이었고, '본고장의 맛에 최대한 가깝고 훌륭한 제품을!'이라는 표어를 내걸고 개발부, 영업부가 하나가 되어 제품의 개발에 박차를 가하였다고 한다.

요코타 셰프가 기대한 것은 녹을 듯이 부드러운 크림이었다. 기름지지 않으면서도 신선하고, 또 스콘, 잼과도 맛이 균형을 이룰 것 등의 조건들을 구현해 나가는 과정에서 마침내 '홋카이도 동부 아칸(阿寒) 지역에서 목초를 먹고 자란 젖소의 우유'에 다다르게 되었고, 이를 원유로 시행착오를 거듭한 끝에 제품화에 성공한 것이다. 이같이 일본에서 고형크림이 개발된 배경에는 애프터눈 티와 매우 밀접한 관련이 있었던 것이다. 나카자와유업의 고형크림은 데번셔 크림을 모방한 풍미이다. 당시에 요코타 셰프의 취향이 코니시 크림이었다면 과연 어떨까? 아마도 오늘날 일본 고형크림의 개념도 완전히 달라졌을지도 모른다.

제1장 '호텔 애프터눈 티'를 즐기는 방법

차노유(茶の湯)와 애프터눈 티

동양에서 전래된 신비에 싸인 티(Tea)!

유럽에 티가 처음으로 전파된 것은 17세기 무렵이다. 이 시기에 일본 나가사키현 항구 도시인 히라도(平戶)에서 유럽으로 건너간 티는 '녹차'였다. 아직 홍차가 개발되지 않은 상태였다.

대항해 시대에 아시아 항로를 개척한 유럽인에게 동양의 나라들은 이국적이고도 베일에 싸인 존재였다. 일본에 도착한 서양인들도 일찍이 경험할 수 없었던 생소한 모습들을 목격하였다.

당시 유럽인들은 손을 사용하여 음식을 집어 먹는 것이 일반적인 생활양식이었다. 그런데 동양의 일본인은 밥상에 그릇을 놓고, 두 개의 가느다란 나뭇가지(젓가락)로 그릇에 담긴 음식을 집어 먹었던 것이다. 이같이 동양의 문화를 처음 접하고 놀란 서양인을 가장 크게 매료시킨 물품도 있었는데, 그것은 티(또는 차)였다.

당시 유럽의 왕족과 귀족들은 대부분 통풍(痛風)에 시달리고 있었는데, 동양인은 통풍을 몰랐고 수명도 길었다. 그러한 비밀이 서양인의 눈에는 일상적으로 마시는 '티'에 있다고 비친 것이다. 이러한 풍문이 퍼지면서 서양에서는 티를 통풍을 치료하는 약으로 믿게 된 것이다.

이때부터 티는 무병장수를 상징하게 되었는데, 당시 귀부인들은 티를 영원한 젊음과 아름다움을 가져다주는 불로약으로, 왕족들은 티를 중국산의 '티볼(Tea Bowl)'로 불리는 조그마한 찻잔에 마시면 건강이 좋아진다는 비약으로 생각하면서 하루에 수십 잔씩이나 마셨다고 한다.

시누아즈리 룸의 티 모임이 대유행이 되다!

18세기에 들어서 티는 이제 약으로서뿐만 아니라 사교장에서 음료로 이용되기 시작하였다. 귀족의 저택을 방문하면 환대하는 뜻에서 손님들에게 티를 대접한 것이다.

그리고 중국풍으로 장식된 소위 '시누아즈리 룸(Chinoiserie Room)'에는 차이나 캐비닛(찻잔 찬장)을 갖추고 있었다. 최신 유행하는 옥양목의 흰 가운을 몸에 걸친 안주인이 티와 함께 바다를 건너온 도자기 다기를 조심스레 배치한 뒤 자물쇠가 달린 티 캐디를 손님들 앞에서 열고 티를 꺼내 직접 우려낸 것이다.

여성 손님들은 한 손에 부채를 쥐고 흔들어 부치면서 일본의 아리타(有田)와 중국의 경덕진(景德鎭)에서 수입한 다기에 들어 있는 티의 향을 잠시 맡은 뒤 받침 접시에 티를 부어 후루룩 소리를 내며 마시는 '디시 오브 티(Dish of Tea)'라는 매우 이색적이고 신비로운 몸짓을 보였다.

티와 함께 비스킷과 버터를 바른 빵이 선보이는 가운데 안주인이 권하는 대로 몇 잔이라도 티를 들이켰다. 당시에는 티 세리머니를 여는 일 자체가 일종의 사치스러운 행사였기 때문에 부유층이 자신의 지위를 과시하는 상징이었다.

영국 귀족이 매료된 다도와 문화

일본의 다도가 유럽에 전파된 배경에는 모모야마 시대(桃山時代) 문화의 정수인 '차노유(茶の湯)'가 융성하던 시대에 포르투갈에서 통역사로 온 가톨릭 선교사 주앙 호드리게스 추주(João Rodrigues Tçuzu, 1561~1634)의 활약이 숨어 있다.

그는 환대 정신과 티를 연결하여 '도(道)'로 승화시킨 동양의 티 문화에 마음을 빼앗겼다. 그 뒤 티 문화에 조예가 깊어지면서 도요토미 히데요시를 비롯해 풍류를 아는 다이묘(영지를 가진 무사), 오사카의 상인 등과 접촉하면서 일생에 걸쳐 그 본질을 파헤쳤다.

한 잔의 티를 위해 주인은 손님을 존경하면서 공간을 마련하고 취향을 담은 도구들을 맞춘다. 길가에 물을 뿌리고 새 버선으로 갈아 신고 구석진 곳까지 최대한 신경을 쓴다.

초대에 응한 손님도 예법이 있어 서로 존중하고 '일생에 한 번뿐인 인연'이라는 마음으로 손님과 주인이 마음을 서로 주고받는다. 이러한 동양적인 환대의 정신을 응축시킨 것이 곧 '티 문화'라는 사실을 깊이 인식하고 주앙 호드리게스 추주는 이를 상세히 기록하여 유럽으로 전하였다.

신비로운 동양의 티 문화를 접한 영국의 귀족들은 자신들의 라이프스타일에 티를 매개로 커뮤니케이션을 접목하여 영국식의 환대 방법을 모색한 것이다.

자포니즘으로 연결된 '차노유'와 '애프터눈 티'

19세기 후반 빅토리아 시대에 '애프터눈 티'라는 독자적인 홍차 문화를 탄생시킨 영국. 그런 영국에서는 이제 애프터눈 티가 계층을 뛰어넘어 널리 퍼지면서 그 절정기를 맞은 가운데 일본풍 사조인 '자포니즘(Japonism)'이 선풍적인 인기를 끌었다.

1862년 런던에서 개최된 만국박람회에 일본 전시관이 설치되어 일본의 미술과 공예품에 대한 영국인의 관심이 높아졌다. 그러한 가운데 당시 쇄국정책을 펼치면서 오랫동안 문을 닫고 있던 일본에 대한 이국적인 정서가 새로운 바람을 불러일으키면서 일본과 관련된 물품들도 크게 유행하였다.

1885년에는 영국의 고급 백화점 해러즈(Harrods) 뒤편에 마침 '일본촌'이 형성되면서 일본인 100여 명이 영국으로 건너갔다. 그곳에서 기모노 차림의 여성이 차실에서 티를 손님에게 대접하고, 칠기와 일본 민화 등의 공예 기술도 선보이면서 큰 인기를 얻었는데, 당시 방문객의 수가 100만 명 이상이었다고 한다.

미적인 생활을 추구하는 '유미주의'와 '자포니즘'이 융합되면서 생활 예술을 탐미하는 영국 애프터눈 티의 세계에도 자포니즘이 유행하였다. 벚꽃과 봄, 국화 문양의 찻잔 세트, 꽃, 새, 바람, 달이 조각된 티 나이프, 옻칠 젓가락, 일본 종이의 티 냅킨을 테이블에 진열하고 기모노풍의 티 가운을 몸에 걸친 뒤 손님의 접대를 치르는 '자포니즘 티타임(Japonism teatime)'이 최신 유행이 되었다.

일본 메이지 시대 사상가인 오카쿠라 텐신(岡倉天心, 1863~1913)은 『티의 책(The Book of Tea)』에서 "다도야말로 동양미의 근간"이라고 철학을 설파하였다. 당시 동양과 서양의 인간성이 이미 찻잔에서 만났다고 생각한 그는 '티이즘(Teaism)'이라는 용어를 사용해 티의 배경에 놓인 정신성과 그 본질을 상세히 소개하였다.

초대를 청하는 주인과 초대에 응하는 손님이 상호 배려하고 마음을 다한다는 '주객일체, 일좌건립(主客一体, 一座建立)'이라는 다도의 정신은 19세기 후반 절정에 달한 영국식 애프터눈 티의 환대 문화에도 어느 정도 영향을 주었다.

이같이 애프터눈 티의 문화가 확립된 배경에는 영국인이 티를 단지 음료로 간주하는 물질적인 인식에만 머물지 않고 사람들이 마음으로 준비하는 정신적인 가치로까지 시선을 넓혔다는 사실이 놓여 있다.

영국의 애프터눈 티는 중국의 시누아즈리풍에서 동양의 티 문화를 처음 만났고, 일본의 자포니즘으로 새롭게 유행하였다. 영국인의 감성이 찻잔을 통해 동양의 티 문화와 교감하고 영국식의 티 미학으로 승화시킨 것이 곧 애프터눈 티의 문화가 아닐까.

탐방
팰리스 호텔 도쿄
Palace Hotel Tokyo

영국 귀족이 동경한 자포니즘과 서양풍을 절충한 티 모임!

자포니즘의 티 모임에서 기모노 차림의 티 가운이 최신 유행

영국에서 온 손님들이 한결같이 칭찬하는 것이 있다. '팰리스 호텔 도쿄(Palace Hotel Tokyo)'의 '팰리스 라운지(The Palace Lounge)'에서 선보이는 애프터눈 티이다.

기모노 차림의 여성이 칠기로 된 찬합을 들고 등장하는 순간 그들의 눈빛은 빛이 난다. 3단형 찬합 안에는 보석처럼 예쁜 음식들이 깜찍하게 놓이고 티와 티 푸드가 멋진 모양새로 융합해 결정화된 모습을 선보인다.

기모노 차림에 칠기의 찬합으로 선보이는 티 서비스는 영국의 정통 스타일을 자포니즘으로 재현한 새로운 스타일로 생각되지만, 실은 이 일본 전통과 서양 전통이 절충된 티 모임이야말로 수 세기 전 영국의 티 모임에서 왕후나 귀족들이 심취하였던 스타일이다. 특히 애프터눈 티와 의상의 조합도 19세기 영국에서 크게 유행하였다.

19세기 애프터눈 티의 대유행은 당시 여성의 패션에도 큰 영향을 주었다. 홍차와 과자를 마음껏 즐길 수 있도록 코르셋을 제거하고, 신체를 조이지 않는 부드러운 소재로 만들어 우아한 티 가운이 등장한 것이다.

자포니즘의 선풍이 일던 빅토리아 시대 후기에는 기모노풍 티 가운이 최고로 유행하였다. 그것을 몸에 걸치고 '자포니즘 티 모임'을 여는 일이 상류층 귀부인 사회에서는 동경이었다.

찬합 스타일 애프터눈 티의 기원지, 팰리스 호텔 도쿄

지금에서야 드물지 않은 찬합 스타일의 애프터눈 티이지만, 최초로 불쏘시개의 역할을 한 곳은 팰리스 호텔 도쿄였다. 영국에 티가 전파된 시대에는 특

히 자기와 칠기를 매우 귀중하게 여겼다. 자기는 '중국', 칠기는 '일본'이라는 식으로 그 희소가치에서 자기와 칠기 모두 보석처럼 비싸게 거래되었다.

자기는 훗날 기법이 밝혀져 유럽에서도 독자적인 디자인을 구축, 발전시켰지만 칠기에 관해서는 원료인 양질의 옻이 나지 않았기 때문에 유럽에서도 재현할 길이 없었다. 깊이가 있는 '칠흑'은 신비에 싸인 그 무엇이었다. 당시나 지금이나 칠기는 유럽 사람들의 마음을 깊이 뒤흔들고 있다.

서양인이 칠기에 마음이 홀렸듯이 동양인도 영국의 은기에 대하여 동경심을 갖고 있다. 그러나 동양에서는 특히 습기가 많은 일본과 같은 지역에서는 은기가 변색되기 쉽고 취급하기도 어려운 물건이다. 반면 고품질의 옻칠은 유럽의 건조한 기후에는 잘 어울리지 않아 양쪽의 수집가들을 고민에 빠뜨렸다.

서양의 은기와 동양의 칠기. 이 대조를 보이는 식기 문화는 서로의 기후와 풍토에 각각 어울리지 않아 쉽게 다룰 수 없는 물건이기 때문에 그런지 더욱더 서로에게 갈망과 동경의 대상인지도 모른다.

다용도 수납으로 셰프의 애장품이 된 찬합

찬합 속에 수납하는 내용물은 계절에 따라 일본풍과 서양풍이 절충된다. 샌드위치에서부터 지라시스시(ちらし寿司), 마카롱, 화과자에 이르기까지 일본과 서양의 음식이 예쁘고 깜찍하게 진열되어 있고, 보물 상자를 여는 듯한 고양된 느낌을 맛볼 수 있다.

팰리스 호텔 도쿄의 구보타 오사미(窪田修己) 셰프는 휴일에도 좋은 식자재가 어디 없을까 고민하면서 과수원과 농가들을 여기저기 찾아서 헤매는데, 그 이유에 대해서 간략히 설명해 주었다.

"동양풍과 서양풍의 절충을 살리는 것이 중요해 무엇이든지 가능하면 근본적인 것부터 소중히 다루고 싶어요. 또 우리는 직장 내 의사소통이 좋아 젊은이와 타부서 셰프 간에 대화도 활발해 이는 매우 좋은 본보기가 되고 있답니다."

찬합 속의 음식들로부터 느껴지는 화기애애한 분위기에는 여기에 종사하는 사람들의 많은 생각들도 함께 담겨 있는 것이다.

옻칠한 찬합은 애프터눈 티를 위해 특별히 디자인된 '기슈칠기(紀州漆器)'의 공예품이다.

Scone

찬합에 딱 맞춘 사각형에 산뜻한 맛!
초콜릿 스콘과 바나나 스콘

Memo

◆ 레시피는 찬합 애프터눈 티의 서비스를 시작하였을 때부터 변하지 않았다.
◆ 수제 잼의 딸기는 유기농. 구보타 셰프가 와카야마에 있는 농원을 방문해 수급한 것이다.

팰리스 라운지	도쿄	「계절 애프터눈 티」 1인분 / 약 60,000원(VAT · 서비스료 별도)
	시간	150분제
	다기	노리다케
	나이프 · 포크류	목제 나이프, 포크, 스푼
	티 푸드	수프 1종, 티 푸드 5종, 페이스트리 11종, 스콘 2종
	잼	1종(수제)
	고형크림	나카자와유업, 리필 가능(유료)
	홍차	계절성 제철 티 3종, 클래식 티 5종, 아로마 티 4종, 허브티 4종, 일본 차 4종, 중국 차 4종, 커피 실렉션 4종(디카페인 커피도 있음), 홍차 브랜드는 '로네펠트', '프리미아스 티 저팬(Primia's Tea Japan)' 외, 티 중도 변경 가능
	우유	차가운 우유를 스팀으로 데워 따뜻하게 서비스한다.
	홈페이지	https://www.palacehoteltokyo.com 메뉴 내용, 시스템, 가격, 시간 등은 변동이 있을 수 있다. 자세한 내용은 홈페이지에서 확인해 주세요.

당신은 연수파? 경수파?

같은 티라도 영국과 일본에서는 맛이 서로 다르다?!

영국에서 마신 홍차가 맛있었던 기억으로 일본, 한국, 중국 등 동양으로 돌아와 같은 티를 우렸지만 맛이 왜 이리도 다를까? 이러한 질문을 자주 듣게 되는데, 그 이유는 바로 '우려내는 물'에 있다.

홍차를 영어로 어떻게 표현한다고 생각하는가? '붉은 티'이기 때문에 '레드 티(red tea)'라고 할까? 물론 아니다. 정답은 '블랙 티(black tea)'! 이는 찻잎의 색깔이 녹차에 비하여 검다고 해서 하는 말이지만, 찻빛을 비교해 봐도 확연히 구분된다.

연수(단물)로 홍차를 우리면 찻빛은 빛나는 듯이 맑은 색상이 되지만, 런던의 석회질이 많은 경수(센물)로 우리면 홍차는 찻잔 바닥이 보이지 않을 정도로 검붉고 탁한 색상을 띤다. 여기에 우유를 듬뿍 넣으면 짙은 밀크 브라운(milk brown) 색상의 영국식 홍차가 된다.

경수로 우려낸 홍차와 영국의 우유가 이루는 궁합은 아주 뛰어나 절묘할 정도인데, 유감스럽지만 연수로 재현하는 것이 불가능하다. 그렇다면 홍차는 반드시 경수로 우려야만 하는 것인가? 물론 아니다.

영국 홍차 마니아들의 노하우는?

홍차는 찻잎 성분과 물에 함유된 미네랄이 반응해 본연의 찻빛과 향이 우러나온다. 다른 분류의 티와 비교해 보면, 물의 영향을 받기 쉽고 경수보다도 연수를 사용하는 쪽이 찻잎 본래의 개성을 살리기 쉽다고 한다. 특히 다르질링과 같은 매우 섬세한 티는 연수에 우리는 것이 민감한 풍미를 살려 깊은 맛과 향을 즐길 수 있는 것이다.

런던의 수돗물은 끓여도 미네랄이 줄어들지 않는 '영구적 경수(permanent hard water)'이기 때문에 홍차 애호가 중에서도 '티 고유의 향미를 추구하는 마니아'와 '고품질의 티를 스트레이트로 마시는 상류층'은 부엌에 연수 공급 장치나 연수로 바꿀 수 있는 필터를 설치해 홍차를 우리는 경우가 많다.

한편, 영국 전체의 물이 다 경수인 것은 아니다. 지역에 따라서 '초경수(very hard water)', '경수(hard water)', '연수(soft water)'로 나뉘는데, 북부 지방으로 갈수록 부드러워진다. 더욱이 스코틀랜드 지역에 이르면 물이 연수가 된다.

수질에 따라 블렌딩을 달리한 '홍차 왕', 토머스 립톤!

영국인의 기호에 맞아 인기가 높은 브랜드인 「요크셔 티(Yorkshire Tea)」는 지역의 수질에 맞춰 '티 블렌드(tea blend)'를 만들고 있다. 티백도 연수용과 경수용이 따로 있어 티를 즐기는 사람들이 각자의 장소에서 수질에 맞게 즐길 수 있다.

물의 경도(硬度)가 홍차의 맛과 향에 큰 영향을 주는 점에 착안해 수질에 따라 블렌딩을 달리하는 시스템을 처음으로 도입한 사람은 '홍차 왕', 토머스 립톤(Thomas Lipton, 1848~1931)이다.

빅토리아 시대에 '마케팅의 기린아'였던 립톤은 '당신이 거주하는 도시의 물에 맞춘 완벽한 티 블렌드'라는 내용의 슬로건을 내걸면서 대성공을 거두었다. 그 뒤 세계를 무대로 시장을 확대하는 가운데, 미국에서 탄생한 아이스티로 눈을 돌려 티백에 전용 그릇과 레시피를 세트로 구성하여 판매하였다.

이로부터 '유니언잭이 펄럭이는 곳에는 어디든지 립톤 홍차가 있다'고 할 정도로 성장한 립톤사는 영국 왕실 조달 업체가 되었고, 립톤은 시민으로서는 최대 명예의 서훈인 기사 작위를 받았다.

'립톤'과 '트와이닝스'라는 이름을 들으면 흔히 '대중적인 홍차'라는 이미지를 떠올리는 사람들도 적지 않으리라 생각하지만, 영국에서는 역사와 전통이 있는 티 전문점으로서 오늘날에도 많은 사랑을 받고 있다.

연수로 우린 홍차의 찻빛은 밝고 선명하다.

경수로 우린 홍차의 찻빛은 검고 탁하여 커피색에 가깝다.

탐방
콘래드 오사카 호텔
Conrad Osaka Hotel

연수에 맞는 플레이버드 티, 「TWG 티」를 맛보다!

홍차 향의 메커니즘

콘래드 오사카 호텔(Conrad Osaka Hotel)의 '40 스카이 바 앤 라운지(Sky Bar & Lounge)'에서는 'TWG 티(이하 TWG)' 브랜드의 홍차를 골라 즐길 수 있다. TWG는 싱가포르에서 탄생한 홍차 브랜드로서 플레이버드 티로 유명하다. 그 브랜드가 일본에 진입한 것은 2010년의 일이었다. 여기서는 홍차의 향에 대해 알아보기로 한다.

홍차는 다양한 티의 분류 중에서도 향을 즐길 수 있는 티에 속한다. 그런 홍차를 찻잔에 부으면 향이 물씬 올라온다. 찻잎이 본래 함유한 자연스러운 향을 아로마로 풍기는데, 지금까지 밝혀진 방향성 성분은 300종 이상이 된다고 한다. 불포화 알코올 성분인 게라니올(geraniol)이 많으면 꽃과 같은 향, 또 헥센올(hexenol) 성분이 많으면 여린 잎의 풀 향이 나는 것과 같이 방향성 성분의 균형과 세기에 따라 홍차의 향미도 변한다.

인위적으로 향을 가한 '가향차'

자연의 아로마가 아니라 인위적으로 향을 입힌 티를 '가향차'라고 한다. 가향차에는 크게 '센티드 티(scented tea)'와 '플레이버드 티(flavored tea)'의 두 종류가 있다.

센티드 티의 기원은 중국의 고전적인 음화차(窨花茶)이다. 오래 묵어서 향이 약해진 찻잎을 비싼 가격으로 팔고 싶은 다원의 주인이 주변 향을 쉽게 흡수하는 찻잎의 특성을 살려 꽃과 과실, 향신료 등과 함께 보관하여 찻잎에 향기를 입히는 음화(窨花) 과정을 거친 것이다. 대표적인 예로는 '재스민 티(Jasmin Tea)'가 있다.

프랑스류의 착향료를 가한 플레이버드 티

이와는 대조적으로 프랑스류의 플레이버드 티는 찻잎에 직접 착향료(flavoring)로써 에센셜 오일을 분무하여 착향한 것이다. 이러한 유형의 플레이버드 티는 향수의 나라 프랑스에서 20세기에 탄생하여 세계적으로 유행하였다.

1950년대 천연 합성 착향료(에센셜 오일)가 개발되면서 식품에 사용하는 일이 승인되었다. 이에 따라 꽃 향, 과일 향, 향신료 향 등 다양한 에센셜 오일이 등장하였다.

향의 마술로 유명한 프랑스의 티 전문가들은 포숑의 「애플 티(Apple Tea)」와 같은 '싱글 플레이버드 티'에서부터 마리아주 프레르(Mariage Frères)의 「마르코폴로(Marco Polo)」와 같이 매우 복잡한 향미의 '믹스 플레이버드 티'까지 새로운 홍차들을 계속해서 세상에 내놓았다.

유럽의 경수에는 찻잎 본래의 섬세한 아로마가 쉽게 추출되지 않기 때문에 프랑스류의 홍차는 착향료인 에센셜 오일로써 강하게 착향하는 경향이 있다.

TWG 티가 사랑을 받는 이유는?

콘래드 오사카 호텔에서 마실 수 있는 TWG의 「티 실렉션」은 총 8종이다. 그중에서도 반드시 경험해 보아야 할 품목은 플레이버드 티의 시초로 영국의 제2대 그레이 백작인 찰스 그레이(Charles Grey, 1764~1845)가 너무도 사랑하였던 「얼 그레이(Earl Grey)」.

'플레이버드 티'라고 하면, 역시나 프랑스 홍차를 떠올리는 사람들이 많겠지만, 최근 동양의 홍차 전문가들 사이에서는 TWG 티를 선호한다는 뒷이야기가 있다. 그 이유 중 하나로 들고 있는 것이 '물'이다. TWG는 싱가포르 브랜드로 그곳의 수질은 동양의 연수에 가깝다. 따라서 경수에 맞게 진하게 착향한 프랑스의 홍차보다 오히려 싱가포르의 TWG 홍차가 동양의 물에 더 맞았는지도 모른다.

이러한 배경일까? 예전의 일부 호텔에서는 TWG 홍차를 주문하면 연수, 경수로 두 종류의 물을 직접 선택할 수 있는 「워터 실렉션(Water Selection」이라는 메뉴 서비스를 선보였다. 물을 달리하여 비교해 마셔 본다면 향은 물론이고 맛의 추출도 확연히 달라, 결국 물이 홍차의 향미를 좌우한다는 사실을 이내 알 수 있을 것이다.

홍차를 즐기려는 사람들은 반드시 자신의 집에서 '연수와 경수의 테스팅'에 도전해 보길 바란다. 다르질링처럼 섬세한 향과 맛을 느끼고 싶을 때는 연수로, 정산소종과 같이 개성이 좀 과한 홍차에는 경수로 우리는 등 물의 조합까지 능숙하게 다룰 수 있다면 홍차를 경험하는 감각의 세계도 더욱더 넓어질 것이다.

제 1 장 '호텔 애프터눈 티'를 즐기는 방법

Recipe

셰프의 비장 레시피를 특별 대공개!

바이올렛 앤 얼 그레이 스콘
(Violet & Earl Grey Scone)

【🧑‍🍳 재료】 적정량

A 박력분(앙상테)* 120g
　박력분(카멜리아)* 120g
　베이킹파우더 12g
　소금 1자밤
　그래뉴당 55g
　트리몰린* 12g
　(쉽게 결정되지 않는 반죽상의 감미료. 없는 경우 벌꿀로 대체해 사용)
　버터(무염) 55g(주사위 모양)
　얼 그레이 홍차 2g(더스트 등급)
• 우유 130g

B 퍼플 컬러(Purple color) 적당량
　(좋아하는 만큼)
　제비꽃 에센셜 오일(좋아하는 만큼)

* 앙상테(Enchante) : 유명 베이커리의 박력분 브랜드.
* 카멜리아(Camellia) : 유명 박력분 브랜드.
* 트리몰린(Trimoline) : '전화당(Invert sugar)'이라고도 한다. 빵을 굳지 않고 촉촉하게 유지하는 일종의 보습제.

【🧑‍🍳 만드는 방법】

1 **A**를 그릇에 모두 넣고 손으로 버터와 박력분 등을 이기면서 바슬바슬해질 때까지 섞는다.
2 1에 우유를 넣고 주걱으로 조금 뒤섞고 나서 손으로 반죽한다. 이때 반죽하는 손에 힘이 과하지 않도록 주의할 것.
3 2의 반죽을 220g짜리 2개, 60g짜리 1개로 나눈다.
4 60g짜리에 **B**를 넣어 섞는다.
5 4의 반죽을 밀방망이로 얇게 펴서 늘린다. 220g짜리 반죽을 각각 두텁게 밀방망이로 늘린다. 그 사이에 4의 반죽을 끼운다.
6 랩으로 싸서 수 시간(가능하면 1일) 정도 냉장고에 보관한다.
7 6을 가로세로 4.5cm로 잘라 시트를 깐 오븐 판 위에 펼쳐서 170도로 예열한 대류식 오븐으로 약 7분간 굽는다. 방향을 뒤집어서 6~7분간 더 굽는다(굽는 시간과 온도는 오븐에 따라 조절한다).

Memo

◆ 두 종류의 박력분을 섞는 이유는 글루텐으로 인해 탄력이 너무 강해지지 않도록 하기 위한 것이다.
◆ 수분용으로 계란 대신에 우유를 사용한다.
◆ 스콘을 맛있게 데우는 방법은 온도 170도의 오븐에서 수 분간 굽는 것이다.

'**포송**'과 프랑스 파리의 5성 호텔인 '르 뫼리스(Le Meurice)'에서 수련한 페이스트리 셰프인 지미 불레이(Jimmy Boulay)가 온 뒤부터 콘래드 오사카 호텔의 페이스트리가 완전히 달라졌다는 소문이 돌았다. 그런 지미 셰프가 바이올렛 앤 얼 그레이 스콘을 기반으로 애프터눈 티의 새로운 메뉴를 선보인다는 소문도 있어 콘래드 오사카 호텔로 찾아갔다.

그런데 이 스콘은 시즌에만 서비스한다는 것이었다. 당시 매우 유감스럽다는 생각이 들면서 만감이 교차하던 가운데 돌연 셰프가 눈앞에서 스콘을 즉석으로 만들어 비장의 레시피마저 공개한 것이다. 그러면서 간결한 설명을 곁들였다. "제비꽃의 섬세한 맛과 얼 그레이 향이 서로를 높여 주는 상생 레시피가 되도록 신경을 많이 썼답니다."

얼 그레이의 이어지는 뒷맛에 제비꽃 향이 입안에 퍼져서 매우 로맨틱한 맛이었다. 감촉은 아무래도 프렌치 스콘에 가까웠다. 이것이야말로 '오감으로 느껴지는 스콘'이라는 그 완성도에 감격하였던 것이다.

스콘 여담
콘래드 오사카 호텔

레시피대로 바이올렛 앤 얼 그레이 스콘을 만들어 '바이올렛 티 모임'을 가졌을 때의 모습.

40 스카이 바 & 라운지

오사카	「오사카 스파이럴 애프터눈 티」 메뉴 1인분 / 약 67,000원(VAT 별도, 서비스료 포함)
시간	120분제
티 푸드	세이버리 4종, 페이스트리 4종, 플레인 스콘과 다른 1종의 스콘
잼	1종(수제)
고형크림	전통 고형크림이 아니고 자넷티(Zanetti)의 마스카르보네(mascarpone) 치즈가 들어 있다.
홍차	다음의 TWG 티를 즐길 수 있다. 물론 티는 변경할 수 있다. • 로열 다르질링(Royal Darjeeling) FTGFOP 1 • 스위트 프랑스(Sweet France) • 프렌치 얼 그레이(French Earl Grey) • 바닐라 부르봉 티(Vanilla Bourbon) • 뉴욕 브렉퍼스트(New York Breakfast) • 콘래드 오사카(Conrad Osaka)/콘래드(Conrad) 1/3/5 티 • 6종류의 모로칸 민트 티(Morocan Mint Tea)
우유	고온 살균의 우유를 차가운 상태로 서비스한다. 주문에 따라 따뜻하게 제공된다.
홈페이지	https://conrad-osaka.hiltonjapan.co.jp/ 메뉴 내용, 시스템, 가격, 시간 등은 변동이 있을 수 있다. 자세한 내용은 홈페이지에서 확인해 주세요.

버틀러와 애프터눈 티

주역은 '마담', 배후의 중심인물은 '버틀러'!

서양에서 '버틀러(butler)'는 쉽게 말하면 '집사'이다. 영국에서 애프터눈 티가 대유행하던 19세기에 귀족들의 저택에는 고용인들이 많았다. 그중에서도 주인에게 충성을 약속하고 비서의 역할도 수행하면서 저택의 운영을 총괄하였던 사람이 버틀러, 즉 집사이다.

'버틀러'라고 하면, 영화나 드라마에서 저택을 관리하는 연미복 차림의 풍채가 훌륭한 초로의 남성을 떠올리는 사람도 있고, 수년 전에 일본에서 유행한 집사 붐과 집사 카페의 영향으로 검은 양복을 입은 잘생긴 남성을 생각하는 사람도 있을 것이다. 어쨌든 사람들은 '버틀러는 영국 정통 애프터눈 티에서 빠질 수 없는 존재'로 생각할 것이다.

실은 앞서 소개하였듯이 다도의 '차에 관한 일'에서 소수의 사람이 갖는 공식적인 티 세리머니는 마담(안주인) 자신이 손님을 환대한다. 이때 집사가 표면에 나서는 일은 없다. 애프터눈 티의 주역은 어디까지나 안주인이며, 집사는 배후에서 그녀를 그림자같이 보좌하는 최고의 스태프이다.

훌륭한 집사는 '휴민트'를 가동해 세상사까지 꿰뚫어!

애프터눈 티를 준비할 때 안주인이 가장 먼저 하는 일은 손님의 초대 리스트를 작성하는 것이다. 이는 동양의 다도로 치자면 손님의 조합인 '객조(客組)'를 정하는 일이다. 누구를 초청할 것인가를 정하는 일은 티 모임의 품격을 좌우할 만큼 극히 중요하다.

안주인은 첫 단계부터 손님의 신상에 관한 이야기를 포함하여 모든 대소사를 최고의 정보통인 집사와 상담한다. 그런 뒤 제일의 주빈을 결정해 초대장을 쓴다. 보통 디너 등의 초대장은 집사가 대필하지만, '초대장에서 시작되고 답례서로 끝난다'는 애프터눈 티는 매우 특별하여 안주인이 직접 자필로 쓴다.

동양의 공식적인 다도에서도 초대장은 주인이 한지에 붓글씨로 쓰듯이 애프터눈 티도 마찬가지이다. 고용인이 몇 명이든지 간에 초청장은 안주인이 '서양의 서예'라는 '캘리그래피'로 직접 작성하였다. 본문은 영어이지만 맺는말은 프랑스어로 'R.S.V.P' 약어를 덧붙이는 것이 당시 관례였다. 이것은 'Répondez S'il Vous Plait'의 머리글자를 딴 것으로 '회신을 부탁한다'는 뜻이다. 당시 영국의 귀족들에게 프랑스어는 반드시 갖추어야 할 하나의 교양적인 소양이었다.

밀봉된 초대장을 정중하게 전하는 일은 오롯이 집사의 몫이었다. 정장 차림으로 쌍두마차를 타고 주빈을 찾아가는 것이다. 이어 주빈에게서 승낙의 회신을 받으면 티 모임의 '성격'을 규정한 뒤 다기를 선정하는 작업에 들어간다. 즉 티 세리머니의 주제를 정한 뒤 홍차에서부터 티 푸드, 식기의 코디네이션, 연주 음악에 이르기까지 계획을 상세히 세운다.

여기서도 집사는 안주인의 훌륭한 자문역이다. 대저택의 명집사쯤 되면, 오랜 연륜과 인맥, 출중한 판단력을 바탕으로 초대하는 손님의 서열과 안주인 일가와의 관계성 등 세밀한 부분과 손님들의 최근 평판과 취미, 기호 음식 등 내밀한 취향에 이르기까지 상세한 정보를 구축하고 있다. 일종의 '휴민트(humint)'인 셈이다. 그로 인하여 집사는 안주인에게 적확하게 조언할 수 있고, 또한 안주인은 집사에게 마음 놓고 자문할 수 있는 것이다.

애프터눈 티는 저택의 대형 이벤트

사전 정지 작업을 마치면 집사는 한 치의 차질도 없도록 고용인들을 총지휘한다. 당일까지의 자세한 일정을 계산해 업무를 분담한 뒤 지시를 내린다. 저택 내의 고용인들 사이도 계급이 있는 사회이다. 준비 작업은 고용인들이 모두 동원되어 진행되지만, 업무들은 모두 세분화되어 있다. 시시콜콜한 잡무는 대부분 최하위 남녀의 하인에게 맡겨진다.

남성 고용인은 상류층의 손님과 종종 접할 기회가 있었기 때문에 고용에서도 외모를 중요하게 여겼다. 따라서 능력이나 경력보다 키나 얼굴의 외모가 곧 출세와 보수를 결정하는 면이 적지 않았다고 한다.

당일 준비도 집사의 지시에 따라 진행되지만, 이는 어디까지나 말 그대로 단순한 채비일 뿐이다. 그보다 집사는 안주인을 뒤에서 그림자처럼 밀착하여 보좌하는 역할을 철저히 수행하고 모든 것을 지휘하는 존재였다.

시대의 변화와 함께 집사가 활약하는 무대도 귀족의 저택에서 일류 호텔로 이동하였다. 손님이 편안한 마음으로 쾌적하게 지낼 수 있도록 뒤에서 지원하는 직업으로서 오늘날에도 전 세계 호텔 업계에서 그 빛을 남모르게 발하고 있다.

제1장 '호텔 애프터눈 티'를 즐기는 방법

탐방
임페리얼 호텔 도쿄
Imperial Hotel, Tokyo

전통과 격식을 갖춘 집사와 함께 하는 애프터눈 티!

5분 만에 완판되는 인기 대박의 기획 상품

애프터눈 티의 애호가들 사이에서도 꿈같다고 소문이 난 '임페리얼 호텔 도쿄(Imperial Hotel, Tokyo)'의 「버틀러 애프터눈 티(Butler Afternoon Tea)」. 영국 박람회 기간 중 특별석에서 전임 집사가 정중하게 서비스해 주는 스페셜 기획 서비스 상품이다.

날짜와 좌석 수가 제한되어 있어 예약 시작일부터 전화가 끊이지 않고 순식간에 예약이 동이 나 버리는 인기 서비스 상품이다. 여기서는 일본에서도 홍차 애호가들이 동경하는 「버틀러 애프터눈 티」의 모든 것을 소개한다.

영국 대사관에서 환대 기술을 배운 집사!

임페리얼 호텔 도쿄의 집사가 왜 최고의 수준인가? 그 이유는 영국 대사관에서 환대 기술을 배워 호텔의 전통과 융합하였기 때문이다.

「버틀러 애프터눈 티」를 서비스하기에 앞서 임페리얼 호텔 도쿄의 집사 후보들은 영국 대사관에서 현역 집사로부터 집사로서의 마음가짐과 행동거지, 홍차를 따르는 법에 이르기까지 직접 지도를 받는다고 한다. 이렇게 익힌 기술과 긴 세월 동안 임페리얼 호텔 도쿄가 쌓아 온 환대 전통이 융합하여 세련되고도 독자적인 스타일로 완성된 것이다.

고(故) 엘리자베스 2세 여왕(Queen Elizabeth II, 1926~2022)을 위한 오찬회가 열린 적도 있는 일본을 대표하는 전통 호텔이다. 이 호텔이 영국의 기품을 전통 속에서 빚어 내는 것도 이해가 될 만하다.

이번에 에스코트해 준 나시와키 츠카사(西脇司) 집사의 모습. '임페리얼 라운지 아쿠아(The Imperial Lounge Aqua)'의 수석 바텐더로서 근무하고 있다. 집사로 근무하고 나서 술과 마찬가지로 깊은 세계인 홍차에 빠졌다고 한다. 일본홍차협회(日本紅茶協會)의 인증 자격인 '티 인스트럭터 주니어(Tea Instructor Junior)'이다.

「버틀러 애프터눈 티」의 체험기

독자 여러분도 최고의 신사 숙녀로서 「버틀러 애프터눈 티」를 체험할 수 있도록 이 책에서 재현해 보았다.
이번 기회에 일반적인 장소에서도 통용되는, 실례로 영국 왕실로부터
티 모임에 초대를 받았더라도 당당하게 응할 수 있는 매너를 함께 익혀 보자.

1 집사 에스코트

집사의 에스코트는 애프터눈 티를 위하여 응접실의 문을 여는 순간부터 시작된다.

「버틀러 애프터눈 티」의 서비스가 펼쳐지는 곳은 영국인 건축 설계사가 직접 디자인한 브리티시 정통 스타일의 공간이다.

2 홍차의 선택을 상담

홍차와 티 푸드에 관하여 설명을 듣는다. 이때 페어링에 대하여 상담한다.
티 소믈리에와 같은 집사와 대화를 나누며 홍차와 티 푸드를 선택할 수 있는 것도 이곳만의 독특한 특징이다.

3 집사가 손님에게 찻잎을 선보인다

홍차에 대한 간략한 소개와 함께 찻잎도 직접 보여 주면서 품질을 설명하는 것이 일반적인 격식이다. 물론 찻잎의 품질을 확인하는 그릇도 준비되어 있다.

【찻잎의 향기와 색깔 확인】
그릇을 손에 쥐고 찻잎의 등급, 상태, 색, 향을 확인한다.

4 냅킨도 집사에게 맡긴다

절묘한 순간에 냅킨을 손님의 무릎 위에 살짝 놓아 준다.

5 홍차가 공손하게 서비스된다

최상급의 상태로 우린 홍차를 편히 마실 수 있도록 티포트가 아닌 찻잔에 서비스한다.

제1장 '호텔 애프터눈 티'를 즐기는 방법

6 홍차를 마시는 에티켓

손잡이를 쥐는 것이 에티켓!

정통적인 애프터눈 티에서는 낮은 탁자와 소파가 기본이다. 그 경우 찻잔은 받침 접시와 함께 가슴의 높이로 올린다. 홍차를 마실 때는 손가락을 손잡이에 끼우지 말고 쥐듯이 잡는 것이 에티켓이다.

7 3단 트레이가 손수레에 실려 등장

집사가 은색의 3단 트레이를 손수레에 실어서 운반해 온다. 이것은 임페리얼 호텔 도쿄 고유의 스타일이다. 트레이의 도자기 세트는 웨지우드의 「플로렌틴 터쿼이즈」.

8 티 푸드를 먹는 방법

【먹는 순서는 세이버리부터】
세이버리는 샌드위치부터 먹기 시작하고, 다음에는 스콘, 맨 나중에는 페이스트리의 순서로 먹는 것이 일반적이다.

【티 푸드는 왼손으로】
핑거 푸드는 왼손으로 집고 손끝을 가지런히 한다. 왼손으로 집는 이유는 오른손으로는 찻잔을 쥐어야 하기 때문이다. 티 매너도 다도와 마찬가지로 합리적이다.

9 집사와 함께 하는 '홍차 한담'의 시간

이제 '한 잔 더 할까'하고 생각하는 순간에 집사가 밝은 미소로 등장한다. 티를 변경하는 데 망설여지면 반드시 상담하는 것이 좋다. 실제로는 애프터눈 티를 즐길 때 몇 명의 집사들이 테이블을 돌면서 홍차, 그릇, 메뉴에 대한 숨은 이야기들을 들려준다.

10 스콘은 정통 스타일로 등장

스콘은 손님이 세이버리를 다 먹을 즈음에 따뜻한 상태로 서비스된다. 이러한 세심한 배려도 영국 정통 스타일이다.

【스콘을 먹는 법】

① 먼저 스콘의 가운데를 쪼개어 반으로 나눈다.

② 잼과 고형크림을 접시에 덜어 놓는다.

③ 고형크림이 스콘의 온기로 녹지 않도록 잼을 먼저 스콘에 바른 뒤에 그 위로 고형크림을 올린다. 단 취향에 따라 고형크림을 먼저 바를 수도 있다.

④ 스콘을 먹을 때만 잼과 크림을 바른다. 스콘의 크기가 크면 작은 크기로 나눈 뒤 바른다. 이때 먹을 때는 왼손으로!

11 페이스트리 먹는 방법

핑거 푸드는 자기 접시로 들어 옮겨서 왼손으로 먹는다. 유리잔에 담긴 스위트 등은 포크나 나이프 등을 사용한다.

12 피날레

애프눈티의 시간이 끝나면 자리에서 일어선다. 냅킨은 사용한 면을 안쪽으로 해 가볍게 접어 테이블 위에 놓는다.

【도중에 자리를 뜰 때는?】

사정이 생겨서 도중에 자리를 뜰 때는 냅킨을 의자에 놓는다. 그때마다 집사는 냅킨을 바꿔 줄 정도로 철저하다.

어떠한가. 홍차와 티 푸드에 대해 잘 아는 사람은 반드시 홍차와 티 푸드에 대한 전문적인 이야기를 집사와 나눠 보길 바란다. 공식적인 애프터눈 티를 처음 접하는 사람은 집사가 그 첫걸음을 도와줄 것이다. 이러한 무대에서 애프터눈 티의 세계에 입문할 수 있다면 평생 잊을 수 없는 경험이 될 것이다. 일류를 만나는 경험의 소중함과 그 의미를 반드시 직접 체감해 보길 바란다.

제1장 '호텔 애프터눈 티'를 즐기는 방법

계층에 따라 다른 티 매너

매너에는 짓궂은 면도 있다?!

「버틀러 애프터눈 티」의 체험기를 보고 '애프터눈 티에 과연 정식적인 매너가 있는 것일까'라고 의아하게 생각하는 사람도 있을 것이다.

영국에서는 '홍차 한 잔을 마시는 모습을 보면 그 사람의 품위와 교양까지도 알 수 있다'는 말이 있을 정도로 영국에서는 티 매너가 아주 중요하다. 티타임에서 행동거지는 그 사람이 자란 배경과 지적인 센스를 드러내는 신분 계층의 표지였던 것이다.

약간은 짓궂은 이야기이지만, 신분 계층 사회인 영국의 사람들은 초면인 사람과 접할 때 무의식적으로 '계층 탐지기'가 발동된다고 한다. 그러할 정도로 영국에서는 '어휘 사용', '행위', 그리고 '매너'가 계층에 따라 달랐다. 따라서 티 매너를 몸에 익히는 일은 한 사람에게서 '한평생의 자산'이고, 숙녀에게는 '필수 교양'인 것이다.

'사람', '책'에 따라서 다른 티 매너!

매우 섬세한 부분이기 때문에 어렵게 느껴지는 것이 티 매너의 세계이다. 사람들이 홍차를 배우기 위하여 영국으로 유학길에 오르는 계기는 대부분 홍차와 더불어 티 매너도 배우기 위해서이다. 예를 들면, 홍차에 넣는 우유에 대하여 일반적인 책자에서는 '우유를 먼저 넣는 것(Milk In First, MIF)이 영국류'라고 쓰여 있는데, 어느 선생에게 물어보면 '우유가 절대적으로 나중'이라고 말한다. 마시는 방법도 '손잡이에 손가락을 끼워서는 안 된다'고 말하는 사람이 있는가 하면, '그런 말은 없다. 단단히 끼워 쥐는 것이 매너'라고 정반대로 말하는 사람도 있다. 도대체 왜 사람에 따라 티 매너가 다른 것일까? 답을 모른 채 날이 갈수록 의문만 눈덩이같이 커질 뿐, 결국에는 사람들이 영국으로 직접 날아가서 스스로 해답을 찾을 수밖에 없다고 생각하고 유학길을 떠나는 것이다.

물론 영국 현지로 갔다고 하여 곧바로 정답을 찾는 일도 아니다. 영국에서 만나는 일반 사람들은 "엄격한 티 매너 같은 것은 없고, 그저 티타임을 즐기는 것뿐"이라고 말하면서 부드럽게 미소를 지운다. 문헌들을 찾아보아도 티 매너의 차이에 대해서는 기록되어 있지 않다. 영국을 처음 방문한 사람들이 그 의문을 풀 열쇠가 바로 '계층(클래스)'에 있다는 사실을 체득하는 데는 꽤 오랜 시간이 걸릴지도 모른다.

계층에 따른 '매너의 차이'는 '다도의 유파'에 해당

영국에서 애프터눈 티에 대하여 연구하다 보면, 문득 '애프터눈 티는 영국판 다도가 아닐까'라는 생각이 들 수도 있다. 예법이라든지 모든 면에서 닮은 점이 많고, 실용서를 보고 익히는 것도 아니고, 오랜 세월을 거쳐 전승된 것이라는 측면도 있기 때문이다.

또한 영국의 '계층'은 다도에서 '유파'에 해당한다고 보면 쉽게 이해될 수 있다. 다도는 유파에 따라서 예법, 티를 내는 방식, 다과를 먹는 방식, 사용하는 다기들이 저마다 다르다. 마찬가지로 영국에서도 계층에 따라서 그러한 것들이 다른 것이다. 여기에는 딱히 정해진 답이 없듯이, 영국식 매너에도 정해진 답이 없는 것이다. 중요한 것은 각자 몸에 익힌 매너가 어떤 계층에서 통용되는 것인지이다.

티 매너를 몸에 익히는 의미

정식적인 티 매너를 알지 못해도 가벼운 마음으로 애프터눈 티를 즐길 수 있다. 다만 티 모임에 초대를 받았을 때 '실수라도 하면 어쩌지'라는 불안한 마음으로는 깊이 즐길 수 없다. 이러한 의미에서 티 매너를 알면 자신감으로 당당하게 행동할 수 있어 티타임도 훨씬 더 풍성한 시간이 되는 것이다. 기본적인 티 매너를 몸에 익혀 두면, 어떤 경우에도 통용할 수 있고, '티피오(TPO, time, place, occasion)'에 맞춰 임기응변으로 대응할 수도 있어 곧 상급자가 되는 셈이다. 처음에는 익숙하지 않은 행동과 예법도 즐기면서 실천해 보자. 그러면 시간이 지나면서 자연스레 익숙해져 몸에 배게 된다. 그러한 가운데 진정한 기품도 우리의 몸에 형성될 것이다.

매너는 곧 상대에 대한 배려이다!

마지막으로 잊지 말아야 할 것으로서 당부할 한 가지가 있다. 티 매너의 바탕에는 '배려심'이 있다는 사실이다. 이러한 점으로 볼 때, 우리 자신이 남을 향하여 쉽게 내뱉는 소위 '매너가 나쁘다', '매너가 잘못됐다'는 식으로 남의 됨됨이를 판단하는 듯한 행위야말로 매너에서 정면으로 벗어나는 일이다. 티의 명인 센노리큐가 남긴 '리큐 7칙(利休七則)'에는 '함께 하는 손님에게 마음을 다하라'는 규칙이 있다. 서로 존경하고 마음을 나누면서 기분이 좋은 시간과 공간을 함께 보낼 수 있도록 타인을 배려하는 마음을 갖는 것이다. 이는 동양의 다도와 서양의 애프터눈 티에서 공통으로 요구되는 마음가짐이다.

Scone

영국 대사관의 레시피를 선보이는 정통파!
플레인 스콘

Memo

◆ 애프터눈 티에서 등장하는 스콘은 호텔 개업 110주년을 맞은 2021년부터 호텔 내 베이커리에서 만들고 있다.

◆ 스콘은 호텔 내 가게에서도 구입할 수 있다. 맛있게 데우는 방법은 전자레인지로 3~4분간 데운다.

홍차 여담

임페리얼 호텔 도쿄

위쪽은 물주전자로 동전 크기의 거품이 일어날 때까지 물을 끓이는 모습. 아래쪽은 찻잎에 끓인 물을 붓고 점핑이 충분히 일어나도록 뜸을 들인 뒤 스푼으로 한 번 섞어 티포트 속의 농도를 균일하게 만드는 모습이다.

「버틀러 애프터눈 티」는 집사가 직접 서비스하여 매우 신선하면서 연속적인 감동을 안겨 준다. 그중에서도 가장 놀랄 만한 일은 홍차를 내리는 방법이다. 그 방법이 일본 홍차협회의 교육 이론 그대로이다. 집사들은 매년 임페리얼 호텔 도쿄에서 일본홍차협회가 인증하는 '티 인스트럭터'의 과정을 수료하기 때문이라고 한다.

호텔 주방에서는 급탕기로 끓인 물을 사용하여 홍차를 우려내는 경우가 많지만, 애프터눈 티에서는 물주전자를 사용하여 그때마다 인덕션으로 신선한 물을 끓여 사용한다. 그리고 홍차의 찻잎이 대류하는 '점핑(Jumping)'을 확인한 뒤 시계로 우리는 시간을 재는 등 규칙을 철저히 준수한다.

또한 우유는 직접 데우는 과정에서 열변성이 일어나는 것을 예방하기 위해 크림 통(creamer)에 넣어 천천히 데워 서비스한다. 이러한 세세한 부문까지 고려하여 한 잔씩 정성스레 우려낸 것이 「버틀러 애프터눈 티」 서비스의 홍차이다. 이것이 맛에서 차이가 있을 수밖에 없는 이유이다!

오직 연 1회 개최되는
영국 페어, '영국의 맛(A Taste of Britain)'

임페리얼 호텔 도쿄는 2016년부터 가을마다 '영국 페어'를 개최해 왔다.

임페리얼 라운지 아쿠아의「애프터눈 티」도 영국의 식자재와 식문화에 친숙한 메뉴로 구성되어 있어 큰 인기를 누리고 있다. 매년 가을철이면 이 페어를 고대하는 '진심 팬'들도 많다.

2020년에는 추리소설의 거장인 '애거사 크리스티(Dame Agatha Christie, 1890~1976)'를 주제로, 그녀의 기호품과 소설에 나오는 요리를 다룬 메뉴가 등장하여 비단 애프터눈 티의 팬들뿐만 아니라 모든 영국 문화의 팬들 사이에서도 큰 호응을 불러일으켰다.

2021년에는 영국 문화를 이야기하는 데 결코 빠질 수 없는 '잉글리시 가든(English Garden)'과 '앤티크(Antique)'를 주제로 열렸다. 빅토리아 시대의 은기와 찻잔 세트로「버틀러 애프터눈 티」서비스를 경험할 수 있었다고 한다.

영국 정통 애프터눈 티를 제대로 즐기고 싶은 사람은 반드시 다가오는 가을철에 '영국 페어'를 경험해 보길 바란다.

접시에서 왼쪽 위부터 시계 방향으로「화요 클럽의 살인(The Tuesday Night Club)」에서의 트라이플(Trifle),「움직이는 손가락(The Moving Finger)」에서의 브레드 푸딩(Bread Pudding), 메렝게(Merengue),「버트럼 호텔에서(Bertram's Hotel)」에서의 캐러웨이 시드 케이크(Caraway Seed Cake).

임페리얼 라운지 아쿠아	도쿄	「버틀러 애프터눈 티」 1인분 / 약 125,000원(VAT 별도, 서비스료 포함)
	시간	120분제
	다기	웨지우드의「플로렌틴 터쿼이즈」
	티 푸드	세이버리 6종, 페이스트리 4종, 플레인 스콘과 건포도 스콘(알레르기 대응 메뉴의 상담도 가능)
	잼	딸기 잼, 벌꿀
	고형크림	리필도 가능하다(유료)
	홍차	정산소종, 웨지우드 브랜드 티 5종, 티의 변경도 가능하다.
	우유	고온 살균 우유를 데워 피처에 넣어서 상온으로 서비스한다. 주문에 따라 저지방 우유와 차가운 우유도 서비스한다.
	홈페이지	https://www.imperialhotel.co.jp/j/tokyo/restaurant/imperial_aqua/ 메뉴 내용, 시스템, 가격, 시간 등은 변동될 수 있다. 애프터눈 티에 관한 내용은 계절에 따라 달라지며, 자세한 내용은 홈페이지에서 확인해 주세요. ※ 상기 내용은 2020년 9월, 10월에 개최된 정보이다.

제1장 '호텔 애프터눈 티'를 즐기는 방법

'가든 애프터눈 티'는 영국 최고의 환대 문화!

영국식 정원의 뿌리는?

애프터눈 티 중에서도 가장 호화로운 것으로 평을 받는 것이 형형색색의 꽃이 만발한 '영국식 가든'에서 선보이는 티타임이다. 영국은 '세계에서도 자연과 정원을 가장 사랑하는 나라'로 불리는데, 국민의 80%가 정원 가꾸기를 취미로 삼고 있는 '정원 대국'이다.

영국인들은 각자가 자신이 이상향으로 생각하는 정원을 만들기 위해 손길을 아끼지 않고 온갖 정성을 쏟고 있다. 영국인에게 정원 가꾸기는 라이프스타일 그 자체이다. 이는 자연을 사랑하고 마음에 여유를 갖는 일을 중요시하는 그들의 인생관을 보여 준다고 해도 과언이 아니다.

정원은 '또 하나의 살롱'으로 불리고, 연회장에서 바라보는 그 풍경은 그 어떤 그림에도 뒤질 수 없을 정도이다. 더욱이 꽃이 만발한 정원에서 누리는 애프터눈 티는 예전부터 최고의 환대로 여겨져 왔다. 푸른 잔디 위에 티 테이블과 다마스크 실로 짠 테이블보를 세팅해 은색 포크와 나이프에 도자기 찻잔 세트를 배열하고 버너가 달린 물주전자를 사용해 티를 내리는 우아한 티타임이다. 다도의 야외에서 벌어지는 차회처럼 야외 전용 다기를 만들게 한 귀족도 있었다고 전해진다. 마치 연회실을 정원에 그대로 옮겨 놓은 듯한 우아한 스타일이 바로 '가든 애프터눈 티(Garden Afternoon Tea)'다. 유럽에서 정원은 중세까지도 약초원과 과수원 등으로 활용할 정도로 식생활을 위한 텃밭이었다.

유럽에서 정원을 정성스레 가꾸는 관습은 16세기 르네상스 후기에 이탈리아에서 시작되었다. 17세기에 들어서 공식적으로 '가든(Garden)'이라 불리는 기하학적인 모양의 정원들이 프랑스 귀족층을 중심으로 유행하였다.

18세기 영국 귀족들 사이에서는 그러한 유행도 바뀌기 시작하였다. 인위적으로 정형화된 정원을 대신하여 자연 그대로의 풍경을 갖춘 독특한 양식의 정원들이 새롭게 등장한 것이다. 즉 '꽃과 풀은 들판에 야생으로 자라는 모습 그대로인 듯이 화려함이 지나치지 않도록 만든다'는 자연주의를 추구하는 양식인 '잉글리시 랜드스케이프 가든(The English Landscape Garden)'이 탄생하였다.

19세기 빅토리아 시대에는 중산층에도 이러한 생각이 널리 퍼지면서 정원이 딸린 저택에 살며 계절마다 제철의 꽃과 허브를 재배하는 일이 곧 지위를 알리는 상징물이 되었다.

이러한 시대적인 배경과 함께 영국에서는 정원을 가꾸는 일이 '국민적 취미'로서 널리 퍼져나갔다.

일본식 정원과 영국식 정원의 관계

영국의 애프터눈 티와 일본의 다도에서 볼 수 있는 공통점으로는 정원을 중요시하고 그 정원 전체의 공간이 곧 환대의 장소라고 보는 의식을 들 수 있다. 영국의 귀족 저택을 방문하는 경우에는 반드시 정원을 산책해 보길 바란다. 어떤 정원에서는 한 귀퉁이에 매우 멋진 일본식 정원과 다실이 갖춰진 것도 볼 수 있을 것이다.

영국식 정원과 일본식의 정원. 처음에는 이 두 정원이 전혀 연관성이 없다고 보이겠지만, 영국식 정원을 바라보는 가운데 어느덧 자연미로 조화된 동양적인 풍경을 발견하고 깜짝 놀라는 기분마저 들 것이다.

한편 더 나아가 영국의 도심에 있는 공공의 시민공원 중에서도 간혹 일본식 정원을 볼 수 있다. 특히 '런던의 오아시스'라는 '리젠츠 파크(Regent's Park)'와 '홀랜드 파크(Holland Park)'에서는 계절성 꽃과 풀로 둘러싸여 풍광이 훌륭한 일본식 정원을 볼 수 있다. 또한 영국 왕립식물원인 '큐 가든(Kew Garden)' 안에는 1500평 규모의 '가레산스이 정원(枯山水庭園)'이 펼쳐진다. 이를 서양에서는 '젠 가든(Zen Garden)'이라고도 한다.

돌로 네모지게 만든 석등롱(石燈籠)과 손을 씻는 물그릇을 일본에서가 아닌 영국에서

「다운턴 애비 시즌 1」
〈배류 팩〉 NBC Universal Entertainment
Film ⓒ 2010 Carnival Film & Television Limited. All Rights Reserved.
※ 2021년 9월 현재 정보

마주하면 왠지 이상한 기분이 들 수도 있지만, 일본식 정원이 보여 주는 아름다움은 '공간 예술'로서 문화와 언어의 장벽을 넘어 오감으로 느껴질 것이다.

영국의 정원사로부터 배운 소중한 산지식!

동양인들조차도 이해하기 어려운 한적함을 추구하는 정신을 영국 사람들은 어떻게 인식하고 있을까? 여기에 대해 일본의 영국 대사관 소속 정원사 경력을 가진 영국인의 가정에서 홈스테이로 잠시 머물면서 들었던 이야기를 소개한다.

그 영국인 정원사에 따르면, 자신이 보더라도 일본의 정원에는 영국의 미의식과는 사뭇 다른 오감에 호소하면서 상상을 불러일으키는 소우주와도 같은 매력이 있다고 한다.

일본식 정원에 대한 동경에는 19세기 영국에서 유행하였던 '자포니즘'이 크게 영향을 주었다. 도쿄의 로쿠메이칸 미쓰이 1호관을 설계한 영국 런던 출신의 건축가 조사이어 콘더(Josiah Conder, 1852~1920)가 1893년에 출간한 『랜드스케이프 가드닝 저팬(Landscape Gardening Japan)』(일본 정원론)에 의해 관심이 더욱더 고조되었다. 이 당시에는 영국식 정원의 한 귀퉁이에 일본식 정원을 따로 만드는 귀족도 있었다고 한다.

영국 사람들은 폐허 취미의 성향도 있어 일본에서 가져온 석등롱이나 오브제가 비바람에 풍화되어 가는 모습이 '운치'로 인식되어 일부러 풍화시키기 위하여 요구르트와 버터밀크를 칠해 앤티크 장식품으로 만드는 일도 있었다. 이렇게 퇴화하는 물건에서 아름다움을 끌어내는 정신은 일본의 '와비사비(侘・寂) 문화'와도 관련되어 있다.

일본식 정원과 젠 가든은 오늘날에도 인기가 높아 영국의 개인 가정에서도 볼 수 있다고 한다. 더 나아가 여러 정원에 대해서 보고 배우고 싶다면 '오픈 가든'을 경험해 보는 것도 추천한다.

영국에는 「내셔널 가든 스킴(National Garden Scheme)」이라는 자선 활동 사이트도 있는데, 엄격한 심사로 선발된 개인 저택의 정원을 일반인에게 공개하여 누구라도 마음껏 방문할 수 있도록 하는 것이다. 또 한편으로는 가이드북을 손에 들고 영국 곳곳의 유명 정원들을 여행하는 것도 큰 도움이 된다. 이 여행에서는 정원을 구경하는 일 외에 수많은 다른 즐거움도 기다리고 있다. 그것은 바로 티타임! 영국에서는 어느 가정에서든지 대개 홍차와 티 푸드가 준비되어 있고, 또 방문객이 그 가정의 아름다운 정원을 다 감상할 때면 "티라도 한잔하시겠어요?"라고 말을 건네주는 것이다. 이같이 정원은 단순히 관망하는 장소를 넘어서 사람들 사이에서 소통이 이루어지는 공간이다. 그러한 '영국풍의 환대'를 직접 찾아가 경험해 보길 바란다.

※ 개인 저택의 정원을 공개하는 오픈 가든의 포털사이트
「National Garden Scheme」(http://www.ngs.org.uk)

탐방

루제 빌라
RUZE Villa

머물러 즐기고 싶은 '가든 애프터눈 티'

정원을 감상하면서 최고로 행복한 순간

'홍차와 장미의 나라'로 불리는 곳이 영국이다. 그러한 영국의 정원 가운데에서도 가장 많은 사랑을 받는 유형이 '장미 정원(Rose Garden)'이다. 장미가 만발하여 아름다운 자태를 과시하는 정원을 바라보면서 테이블에 새하얀 레이스의 테이블보를 깔고 한 손에 찻잔을 살며시 들어 애프터눈 티를 마신다.

이러한 문화를 즐기는 영국인조차도 동경할 만한 우아한 티타임을 즐길 수 있는 명소가 일본에도 있다. 가루이자와 레이크 가든(Karuizawa Lake Garden) 인근에 있는 '루제 빌라(RUZE Villa)'이다. 덩굴이 얽힌 벽돌문을 통과하면 분수 건너편에 영국의 매너 하우스를 연상시키는 산뜻한 '서양관'이 눈에 들어온다.

건물에 발을 들여놓으면 그곳은 고풍으로 둘러싸인 중후하고 럭셔리한 공간이 펼쳐진다. 좀 더 안쪽에 있는 응접실의 뒤쪽에는 개인 정원이 펼쳐진다. 여기서는 매년 6월 중순에서 7월 상순에 걸쳐 만개한 장미꽃을 감상하면서 애프터눈 티를 즐길 수 있다. 추천하는 장소는 테라스의 좌석이다. 홍차와 장미의 향에 휩싸여 보내는 오후의 한때는 마치 꿈만 같을 것이다.

큰 창문을 '액자'로 보다?!

루제 빌라의 연회실은 커다란 창문이 매력적이다. 영국의 정원이 아름다

정원에 난 길이 마치 차실로 가는 노지와 같다. 이곳에 장미가 만발하면 꿈의 세계로 이어지는 외길같이 보인다.

93

제1장 '호텔 애프터눈 티'를 즐기는 방법

루제 빌라의 응접실. 고풍스러운 가구와 멋진 디자인의 맨틀피스로 마치 귀족의 저택을 방불케 하는 중후한 분위기를 풍긴다.

운 저택에서 열리는 애프터눈 티에서는 정원이 마치 한 폭의 그림과도 같아 창문이 그 모습을 담은 '액자'로 보인다. 그러한 분위기 속에서 자연과 정원을 마음껏 감상하는 것도 큰 즐거움의 하나로 여긴다.

눈앞에 펼쳐지는 정원과 그 너머로 호반을 볼 수 있는 창문은 형형색색의 수채화와도 같다. 어느 자리에서도 이러한 자연미가 넘치는 풍경을 조망할 수 있다. 가을에는 붉고 노랗게 울긋불긋 물든 단풍과 후루룩 노랑으로 떨어지는 은행잎, 겨울에는 나뭇잎이 다 떨어진 우수수한 나무들이 수면 위로 비치는 환상적인 풍광에 감탄을 금치 못할 것이다. 장미의 계절이 다 지나도 계절이 이동하는 풍경을 감상할 수 있는 것이다.

추운 날에는 난로를 피운다. 우아하게 꾸며진 고풍스러운 벽난로에서 한들거리는 불길을 응시하며 장작이 톡톡 튀는 소리를 기분 좋게 들으면서 머금는 한 잔의 홍차. 조용히 흐르는 시간 속에서 그 홍차는 더욱더 맛이 깊어진다.

호반의 특등석에서 즐기는 피크닉 티!

그런데 루제 빌라에는 비밀로 하고 싶은 비장의 장소가 또 숨어 있다. 그것은 호숫가에 있는 테이블 좌석이다. 이곳을 본 사람이라면 영국의 호반 지역에 있는 매너 하우스(Manor House)에서의 '피크닉 티(Picnic Tea)'가 떠오를 것이다.

'피크닉'이라고 하면 무성한 잔디 위에 돗자리를 깔고 햄퍼를 펼치는 캐주얼 모습을 떠올리는 사람이 많겠지만, 사실 영국의 신사 숙녀에게 피크닉 티는 고상한 사교장이었다. 영국

호반에 있는 테라스의 특등석이다. 어느 시간대에 자리해도 아름다운 풍경을 볼 수 있다.

귀족의 생활을 엿볼 수 있는 매너 하우스에서는 집사가 호반에서 피크닉 티를 서비스한다. 새하얀 천 위로 은제의 비스킷 워머를 놓고 당시 귀족들의 우아한 라이프스타일을 떠올리게 하는 포크와 나이프가 세팅된다.

영국의 분위기를 물씬 풍기는 루제 빌라의 특등석에서의 애프터눈 티는 오직 숙박하는 손님에 한해 서비스된다고 한다. 영화의 한 장면같이 비밀의 화원에서 보내는 이 티타임은 결코 잊을 수 없는 추억이 될 것이다.

위쪽은 자연의 그대로의 모습을 소중히 하여 지나치게 꾸미지 않은 영국식 정원의 모습이다. 아래쪽은 가을 들장미의 모습이다. 장미의 계절은 6월 중순에서 7월 상순, 8월 중순부터는 두 번째로 피기 시작해 서리가 내리는 10월 초순까지 즐길 수 있다.

제1장 '호텔 애프터눈 티'를 즐기는 방법

애프터눈 티 여담
루제 빌라

루제

빌라의 전체 객실에는 거실이 있다. 자신의 집에서 가져온 좋아하는 티와 티 푸드로 티타임을 즐기는 단골손님들도 많다고 한다. 객실 창문 너머로 보이는 정원의 풍경은 매우 이국적이다. 여건이 된다면 응접실뿐만 아니라 숙박하면서 느긋하게 애프터눈 티도 즐겨 보길 바란다.

방안으로 들어서면 『웰컴 티 세트(Wecome Tea Set)』의 서비스가 준비되어 있다. 애프터눈 티 애호가들에게는 이러한 세심한 환대가 큰 즐거움이다.

라운지	나가노(長野)
「애프터눈 티」 메뉴 / 1인분 약 38,000원(VAT 포함)	
시간	13:00~16:00/완전 예약제
다기	브랜드를 불문하고 예쁘고 귀여운 여러 가지의 다기
포크·나이프류	실버
티 푸드	세이버리 6종, 스위트 5종, 사쿠사쿠 스콘(수제), 제철 과일
잼	제철 잼(수제)
홍차	오리지널 로즈 티. 티포트로 서비스한다. 리필도 가능하다.
우유	주문하는 대로 서비스한다.
홈페이지	http://www.villa-ruze.jp/ 메뉴 내용, 시스템, 가격, 시간 등은 변동될 수 있다. 상세한 내용은 홈페이지에서 확인해 주세요.

의외로 알려지지 않은 스콘의 역사

초기 애프터눈 티에는 스콘이 없었다!

스콘은 애프터눈 티의 주요 메뉴이지만 문헌을 찾아보면 애프터눈 티가 탄생할 무렵에는 오늘날과 같은 형태의 스콘은 없었다. 당시 홍차에 곁들여 먹는 공통적인 메뉴는 비스킷, 버터 빵이었다.

특히 겨울철 티 모임에서는 자주 먹던 것이 핫케이크인 '크럼핏(crumpet)'이었다. 자루가 달린 기다란 전용 포크인 '토스팅포크(toasting-fork)'를 사용하여 크럼핏을 난롯불에 구워 뜨거운 상태에서 버터와 벌꿀을 발라 먹었다.

스콘의 기원은 스코틀랜드, 이름의 유래는 '운명의 돌'

스콘의 기원은 중세 스코틀랜드의 전통적인 케이크인 '배닉(Bannock)'이다. 북쪽에 있는 스코틀랜드에서는 밀이 재배되지 않아 대신에 보릿가루를 원형으로 평탄하게 반죽해

구운 딱딱한 빵을 옛날부터 먹었다.

빅토리아 시대로 들어서면서 밀가루를 손쉽게 구할 수 있었고, 베이킹파우더와 오븐도 발명됨으로써 지금과 같이 부푼 모양과 부드러운 식감을 지니게 되어 식사용 빵으로서뿐 아니라 홍차와도 페어링이 좋은 별미로서 영국 전역에 퍼져나갔다.

'스콘(scone)'이라는 용어가 문헌상에 처음 등장한 시기는 1513년이다. 그 용어의 기원은 에든버러에 있는 '운명의 돌(Stone of Destiny)'에서 왔다는 설이 유력하다.

이 돌은 본래 기독교의 성지인 팔레스타인에 있던 것이지만, 몇 회에 걸친 전쟁 끝에 현재 스코틀랜드 남부 원주민인 스코트족(Scots)이 가져왔다고 하는 '파워 스톤(Power Stone)'이다. 그 뒤 스코틀랜드 왕가의 수호석으로서 역대 국왕 대관식에서 옥좌에도 사용된 신성한 돌이다.

영국에서 애프터눈 티의 매너를 배우는 사람이라면 '스콘은 나이프로 잘라서는 안 된다'는 이야기를 한 번쯤 들을 것이다. 그 이유는 스콘이라는 이름이 신성한 돌에서 유래된 것인데, 나이프를 사용하여 그것을 자르는 행위가 매우 불경스러운 행위로 받아들이는 사람도 있기 때문이라는 것이다. 이에 대하여 잉글랜드계 애프터눈 티의 선생이 친절히 설명해 준 적이 있다.

"그것은 스코틀랜드의 전통적인 관습이에요. 본래 영국은 4개국이 연합된 나라로 각기 조금씩 생각이 다르답니다. 지금은 그렇게 까다롭게 구는 사람도 없지요. 젊은 여성 중에는 손으로 먹기가 꺼림직해 나이프와 포크를 적극적으로 사용해 잘라 먹는 사람도 있어요."

실제로 스코틀랜드 티룸에서는 스콘을 나이프로 잘라 먹는 어린 여자아이에게 할머니가 "손으로 이렇게 옆으로 나누는 거야"라고 자상하게 설명해 주는 모습을 그리 어렵지 않게 볼 수 있다. 아마도 그 광경을 목격한 사람이라면 티 매너는 단순히 지식으로 익히는 것이 아니라 그런 매너가 탄생하게 된 배경을 아는 것이 더 중요하다는 사실을 통감할 것이다.

각 가정마다 레시피가 있는 스콘!

스코틀랜드에서 탄생한 스콘은 영국 전역으로 퍼져나가 각 가정의 부엌에서 손쉽게 구할 수 있는 재료로 만들었기 때문에 각 가정마다 레시피가 있을 정도라고 한다.

지방에 따라서 스콘의 맛과 모양에도 차이가 있다는 점도 매우 흥미롭다. 예를 들면, 본고장인 스코틀랜드에 가면 보릿가루 본래의 맛을 살리기 위하여 설탕과 계란을 넣지 않은 배닉 빵 모양의 '스코티시 스콘(Scottish scone)'을 볼 수 있고, 아일랜드에 가면 특산 감자를 넣은 '아이리시 스콘(Irish scone)'도 볼 수 있는 것이다.

지방의 특산 과자류와 마찬가지로 제 고장의 토지에서 자라난 재료로 만든 것이 '컨트리 스콘'이며, 이것을 계승한 것이 곧 오늘날 '티룸의 스콘'이다.

호텔과 티룸에서 스콘의 차이는?

20세기에 들어와 '호텔 애프터눈 티'가 확산되면서 셰프들이 세련된 맛과 형태의 스콘들을 테이블에 올리기 시작하였다. 그런데 같은 스콘이지만 호텔과 티룸의 스콘들은 흥미롭게도 큰 차이를 보인다.

한 예로 스콘의 크기는 수도 런던에 가까울수록 작아지고, 시골로 갈수록 커진다는 이야기가 있다. 홍차를 배우러 영국에 들른 사람들이라면 스콘을 고찰해 보면 지역의 티룸에서 선보이는 스콘이 확실히 크다는 사실을 이내 알 수 있을 것이다. 심지어 어린아이의 머리만 한 큰 크기도 있다. 반면 런던의 호텔에서 선보이는 스콘은 핑거 푸드의 크기에 맞추기 때문에 매우 작다.

또한 스콘은 이같이 크기뿐만 아니라 감촉과 맛도 다르다. 티룸의 스콘은 '늑대의 입'으로 표현되는 측면의 갈라진 부분이 있고, 고형크림의 맛을 살리기 위하여 계란은 사용하지 않고, 설탕은 적게 넣는다. 보릿가루의 맛을 살리기 위하여 옛날의 단순한 레시피를 사용하는 경우가 많다. 반면 호텔의 스콘은 측면의 갈라진 부분이 없고, 화과자인 만쥬와 같은 모양으로 강력분(밀가루)을 사용해 촉촉한 식감을 보이며 프렌치 스콘에 가깝다.

더욱이 스콘에도 유행이 있는데 '영국 페어' 등에서 여러 종류를 시식한 뒤 비교해 보는 것도 하나의 큰 즐거움이 될 것이다. 또한 나라마다 밀가루의 성질이 달라 같은 레시피로 만들어도 식감은 완전히 다르다.

특히 밀가루의 맛에 따라 스콘도 완전히 달라지기 때문에 밀가루를 대체해 보기도 하고, 여러 종류의 밀가루를 블렌딩하여 스콘을 만든 뒤 비교해 볼 것을 권장한다.

스콘의 원형, '드롭 스콘'

오늘날 스콘의 원형인 스코틀랜드 팬케이크, '드롭 스콘(drop scone)'을 옛 문헌에서 찾아보고 만들어 보았다. 빅토리아 시대에 사용된 제과용 번철인 '그리들(griddle)'이라는 기구에 반죽을 떨어뜨려서 구운 전통 방식의 스콘이다.

제2장

'티룸 애프터눈 티'의 매력

제2장에서는 '티룸 애프터눈 티'의 세계로 안내한다. 개성이 풍부한 티룸의 애프터눈 티는 격식이 높은 '호텔 애프터눈 티'와는 또 다른 정취가 있다. 커다란 도자기 티포트에 들어 있는 홍차, 수제 영국 과자, 어딘가 향수를 유발하는 찻잔 세트와 식기류 때문이다. 마치 집에서 열리는 일반 가정의 티 모임에 초대를 받은 느낌이 든다. 집주인의 개성과 철학이 티룸을 더욱 빛나게 하는 큰 매력이다. 여기서는 티룸 하나하나에 담긴 소소한 이야기들을 소개한다.

제2장 '티룸 애프터눈 티'의 매력

탐방
타이니 토리아
애프터눈 티
앤 카페
Tiny Toria
Afternoon Tea & Cafe

행복감을 주는 꿈같은 티룸을 오픈!

도쿄의 번화가와 영국 시골 마을의 분위기

계산대의 진열장에는 커다란 스콘과 영국에서 유학을 마치고 돌아온 손님들도 감탄한다는 영국 정통의 별미들이 놓여 있고 그 옆에는 식기와 티 타올이 정돈된 모습으로 선보인다. 벽과 천장에는 매우 자유로운 분위기의 일러스트와 오브제가 인상적이다.

이곳은 일본에서도 애프터눈 티의 본고장인 영국의 티룸을 경험하고 싶다면 반드시 한 번쯤은 방문해 보기를 권장하는 명소이다. 도쿄의 관광 명소인 니혼바시(日本橋)의 닌교초(人形町)에 자리한 '타이니 토리아 애프터눈 티 앤 카페(Tiny Toria Afternoon Tea & Cafe)'이다.

니혼바시 닌교초 일대는 1980년대의 소탈한 분위기가 남아 있는 지역이다. 그러한 복고풍의 거리를 거닐다 보면 돌연 아주 멋진 영국식 티룸을 만날 수 있다. 티룸을 연 게이모토 사치코(慶本佐知子) 사장은 이곳의 목에 대하여 설명한다.

"손님으로부터 왜 이곳에 가게를 연 것인지 자주 질문을 받았어요. 저는 이곳이 기가 좋은 터라는 직감이 들어서인지 여기에 조그만 가게를 열면 멋지겠다고 생각했어요. 실제로 이 주변에는 가족이 대를 이어 경영하는 작은 개인 상점들도 많아요."

더욱이 게이모토 사장에 따르면, 이곳은 자신이 홍차를 배우기 위하여 영국 전역의 티룸을 찾아 여행하였을 때 영국의 조그만 시골 마을 분위기와도 비슷하다고 한다.

반 평의 주방에서부터 시작한 티룸!

　게이모토 사장이 티룸을 연 시기는 2016년이다. 첫 개장부터 영국 과자의 팬들 사이에서 좋은 평판을 얻으면서 순식간에 전국에서 손님들이 찾아오는 명소가 된 것이다. 그 당시를 떠올리며 게이모토 사장은 말한다.
　"당시 가게는 정말 작았어요. 주방이 아마 반 평 정도 되었나요. 그곳에서 좋아하는 영국 과자를 만들면서 인생을 느긋하게 살 생각이었어요. 그런데 뜻밖에도 혼자서는 도저히 일손이 부족한 상태가 된 거예요. 주방에 일손이 필요한데, 그러려면 먼저 주방이 넓은 가게를 임차해야 해서 2019년에 지금의 장소로 옮긴 거예요."
　이런 게이모토 사장도 티룸을 열기 전까지는 음식점을 전혀 경영한 적이 없었다고 한다. 20대에는 회사 직원으로서 침식도 잊고 홍보 업무에 매진하고, 전업주부가 된 뒤로는 과자와 빵을 만드는 일에 푹 빠져 버린 것이다. 심지어 와인 세계에도 빠져 소믈리에 자격증까지 취득할 정도였다고 한다. 이에 대하여 게이모토 사장은 잠시 웃으면서 자신을 소개하였다.
　"뭐라고 할까요. 지금은 홍차에 전념하고 있으니, 아마도 제가 발효시키는 일을 좋아해서가 아닐까요?"
　게이모토 사장의 인생도 마치 '발효의 때'를 맞이한 것인지, 문득 '젊어서부터 꿈꿔 왔던 음식점을 해보고 싶다'는 생각이 든 것이다. 그런 '음식점을 해보고 싶다'는 꿈이 우연히 영국으로 떠났던 일을 계기로 '영국식 티룸의 개장'으로 이어진 것이다.
　게이모토 사장은 젊어서부터 영국의 가수이자, 작곡가인 데이비드 보위(David Bowie, 1947~2016)의 팬으로서 뮤직 영화를 통하여 영국에 관심은 있었지만, 홍차와 티룸에는 전혀 흥미가 없었다. 그런데 우연히 영국 여행길에서 시골의 작은 티룸을 방문하고 '아! 내가 뭔지 모르게 생각해 온 행복의 모습이 바로 여기에 있었구나!'라는 깊은 통찰을 느꼈다고 한다.
　티포트에 가득 찬 홍차, 아기자기한 모습의 소박한 과자, 따스한 이야기, 모양이 제각각인 식기, 오래 사용한 티 나이프. 이로부터 풍겨 나오는 소탈한 분위기와 그곳의 손님들로부터 묻어 나오는 분위기에 완전히 매료된 것이다. 이때 자신이 하고 싶고, 또 행복을 느끼는 티룸을 열어야겠다는 마음을 갖게 된 것이다.

어떻게 살아가고 싶은지를 고민하던 시기에…

　여성이 혼자서 갑작스레 가게를 여는 데 불안감이 없었는지에 대해 게이모토 사장은 솔직한 마음을 털어놓았다.

제2장 '티룸 애프터눈 티'의 매력

"솔직히 나이 50세를 눈앞에 둔 게 뒷심이 되었어요. 사실 그런 뒷심이 없었다면 결단할 수도 없었을 거예요. 당시 여유 자금이 있었던 것도 아니고, 그렇다고 생활을 위해서라든지, 비즈니스라든지 그런 계산과 의식이 있었던 것도 아니고, 단지 어떻게 가게를 열고 어떻게 생활할지만 생각하고 달렸어요. 실패가 어떻게 찾아오는지 생각할 여유도 없었어요."

나이가 꿈의 실현을 주저하게 만들거나 행보를 묶어 두는 요인인 경우가 많은 사람의 인생살이에서 오히려 꿈을 실현하는 뒷심이 되어 주었다는 말은 어쩌면 게이모토 사장다운 생각일지도 모른다.

티룸에서 펼쳐지는 '행복한 교류'

자연스럽고 긍정적인 게이모토 사장의 주위로는 그녀와 비슷한 손님들이 모여드는 모양이다. 가게에서 알게 된 손님끼리 사이가 좋아지고 애프터눈 티를 함께 하기도 하고 서로 이벤트를 권하기도 하는 등 즐거운 교류도 많이 생겼다. 이에 대해서도 게이모토 사장은 마음속에 담아 둔 소감을 말해 주었다.

"티룸에서는 홍차와 과자의 맛이 좋아야 한답니다. 거기에 한 가지 더 얹어 놓을 것은 행복한 분위기에요. 그런 공간에서 손님들이 행복한 시간을 보내지요. 저는 그런 가게를 만들고 싶어 매일 가게를 열고 있어요."

계산대 위에 다양한 과자류들이 진열된 모습. 마치 영국식 티룸의 분위기를 연상시킨다.

어린 손님과의 여담
타이니 토리아 티룸

영국제의 고풍스러운 배달 자전거를 가게 앞에 세워 놓은 모습.

타이니
토리아 티룸에는 전국에서 꽤 많은 단골손님이 행복한 시간을 경험하기 위하여 방문한다. 그중에는 초등학생인 소녀의 손님도 있다. 주말이면 놀이공원이나 쇼핑몰 대신에 타이니 토리아 티룸에 가자고 어머니에게 자꾸 보채는 것이다. 지난번에 그 소녀는 자신의 친구를 가게로 데리고 와 스콘과 홍차인 '크림 티'를 즐겼다고 한다.
친구의 찻잔에 홍차를 따라 주기도 하고, 스콘은 '늑대의 입'부터 반으로 쪼개 고형크림과 잼을 듬뿍 발라 먹는 것이라는 등의 정중한 가이드를 보였다는 것이다.
"그 어머니로부터 예약 전화를 받았을 때 순간 놀라우면서도 기뻤어요. 사실 힘든 일도 많지만, 티룸을 연 것이 정말 잘한 거라 생각이 들 때는 그럴 때가 아닌가 해요."

타이니 토리아 티룸	도쿄	「애프터눈 티」메뉴 1인분 / 약 27,000원~43,000원(VAT 별도)
	시간	2시간. 11:00, 13:15, 15:30 중 택일
	다기	영국 도자기 브랜드 다수
	포크·나이프류	영국 브랜드 다수
	티 푸드	샌드위치, 페이스트리 몇 종류. 플레인 스콘, 제철 스콘.
	잼	제철 잼, 처트니(chutney)
	고형크림	나카자와유업
	홍차	티 실렉션 메뉴 중 1종 또는 2종을 선정해 티포트로 서비스한다. '웰컴 드링크'와 두 번째 티에 앞서 아이스티가 나오는 수도 있다(메뉴에 따라 변동).
	우유	저온 살균 우유가 차가운 상태로 서비스된다.
	홈페이지	https://www.tinytoria.com/ * 메뉴 내용, 시스템, 가격, 시간 등은 변경될 수 있다. 자세한 내용은 홈페이지에서 확인해 주세요.

제2장 '티룸 애프터눈 티'의 매력

작은 주방에서 탄생하는 오리지널 홍차 블렌드

타이니 토리아 티룸의 주방에서 눈에 띈 것은 티포트 문양의 포장지로 귀엽게 싼 오리지널 홍차 블렌드였다. 실론 홍차인 '루후나(Ruhuna)'를 기반으로 블렌딩한 '티룸 블렌드'였다.

타이니 토리아 티룸 정도의 홍차 전문점이라면 찻잎을 블렌딩하는 홍차 메이커인 '티 패커(tea packer)'에 위탁하여 공장에서 생산될 것으로 생각할 수 있다. 그러나 티룸 블렌드는 1호 지점에서 직접 수작업으로 만든다고 한다. 여기서는 블렌딩 작업이 이루어지는 날에 직접 찾아가 목격한 모습을 간략히 소개한다.

✽ 찻잎에 스트레스를 주지 않으려는 조심스러운 블렌딩

약속한 날짜에 가게로 들어서자 주방에는 앞치마를 두른 여성이 작은 그릇을 들고 가정용 전자저울로 찻잎의 무게를 재면서 수작업으로 블렌딩하고 있었다.

그 여성은 티 블렌딩 전문가인 이시다 나호미(石田菜穂美)였다. 일본홍차협회 티 인스트럭터(Tea Instructor)의 자격을 갖춘 홍차 전문가이다.

더욱 놀라운 사실은 그녀가 처음에는 이곳의 단골손님이었다고 한다. 그 뒤 게이모토 사장과 대화를 나누다가 관계가 발전하여 지금의 오리지널 홍차 블렌드를 만들기 시작한 것이다. 그녀는 찻잎에 스트레스를 주지 않으려고 1봉지(50g)씩 블렌딩한다는 이야기를 잠시 들려주었다.

그녀는 정말 소량으로 손바닥으로 싸서 넣듯이 찻잎을 조심스럽게 다루었는데, 그 모습이 매우 인상적이었다. 더욱이 티백에 넣을 때는 2g씩 계량하면서 손놀림으로 마무리하였다. 그녀의 애정을 듬뿍 받은 찻잎들은 홍차의 맛에도 그대로 나타난다.

* 특별 환대를 뜻하는 '오리지널 홍차 블렌드'

이렇게 조심스레 수작업으로 블렌딩한 홍차를 마셨을 때 순간 빅토리아 시대의 애프터눈 티를 즐기는 광경이 머릿속을 스쳐 지나갔다. 애프터눈 티의 역사에 대하여 돌이켜보면 오리지널 홍차 블렌드로 손님을 환대하는 일은 아주 격식이 높은 환대였다. 여기서는 오래전 영국에서 진행되던 티 세리머니에 대한 이야기를 소개한다.

옛날 공식적인 정통 애프터눈 티에서 준비되던 홍차에는 세 종류가 있었다. 첫 번째는 상류층이 좋아하였던 '기문'과 '정산소종' 등 약간 스모키한 중국계의 홍차였다. 두 번째는 빅토리아 시대 후기부터 티 애호가들 사이에서 화제가 된 '다르질링(Darjeeling)'을 중심으로 하는 인도계의 홍차였다. 세 번째는 가정마다 대대로 전해지던 '하우스 블렌딩 홍차'였다. 다도에서 말하는 본가의 기호 차로 불러도 될 것이다.

오리지널 홍차 블렌드는 사람들이 주로 왕실 조달 업체인 홍차 전문점과 전문 식품점에 들러 자신의 취향을 이야기하면서 주문하였다. 그런데 당시 손님을 접대하는 데 매우 능숙하였던 안주인도 즉석에서 놀라운 장면을 연출하였다. 손님 앞에서 홍차의 취향을 물어본 뒤 본인이 직접 블렌딩해 그 자리에서 대접한 것이다.

엄밀히 말하면 홍차 블렌드는 티 블렌딩 전문가라는 숙련된 경험자들이 수작업으로 혼합한 것이다. 반면 안주인이 혼합한 홍차는 '믹싱(mixing)'이라고 하여 구별하였다. 그럼에도 불구하고 손님은 다른 곳에서는 경험할 수 없는 특별 환대를 받았다고 감격한 것이다.

티룸 여행에서 이러한 역사를 지닌 티룸 블렌드를 맛보는 것은 훌륭한 경험이 될 것이다. 오리지널 홍차 블렌드는 티룸 주인과 그와 관련된 사람들의 생각이 녹아 있는 것으로서 티룸의 프로필을 향미로 살짝 엿볼 수 있는 셈이다.

제장 '티룸 애프터눈 티'의 매력

Recipe

고전적 디저트
바노피 파이 (Banoffee Pie)

영국에서 남녀노소로부터 큰 사랑을 받고 있는 고전적인 디저트인 바노피 파이(Banoffee Pie). 그 이름은 '바나나'와 '토피 소스 파이'의 철자를 합성한 신조어이다. 이렇게 이름을 붙인 사람은 이 파이의 산실인 아일랜드 그레이스톤스(Greystones) 지역의 레스토랑인 '헝그리 멍크(Hungry Monk)'의 주인이었다. 타이니 토리아 티룸에서 선보이는 바노피 파이의 특징은 바나나를 세로로 크게 자른 점이다. 그리고 토피 소스는 오리지널이라는 것! 반드시 한 번은 경험해 보아야 할 영국의 고전적인 파이이다.

【🍰 재료】 지름 20cm의 타르트형 1개분
- 바나나 3~4개
- 인스턴트 커피 약간

● 쇼트클러스트 페이스트리

A 버터(무염) 100g
박력분 140g
전립 박력분(whole wheat pastry flour) 30g
세몰리나(semolina) 가루 30g
소금 1g

B 노른자 계란 1개분
냉수 30g

● 토피 소스

C 연유 1통(397g)
버터 120g
갈색 설탕 100g
소금 1g

● 휘프트 크림

D 생크림(유지방분 45%) 200mL
그래뉴당 1작은술
인스턴트 커피 ½작은술

【🍰 사전 준비 과정】
- **A**의 버터는 얇게 썰어 차게 한다.
- **B**를 잘 섞어 차게 한다.
- **A**를 잘 섞어 체에 내린다.
- 형틀에 버터(분량 외)를 바르고 박력분(분량 외)을 약간 흩어서 뿌린다.

1
그릇에 A를 넣고 손으로 잘 뒤섞은 뒤 B를 첨가해 주걱으로 이겨서 하나의 반죽으로 잘 배합한다. 그리고 랩에 싸서 냉장고에서 1시간 정도 둔다.

4

반죽에 포크로 구멍을 낸다.

7

5에 6의 토피 소스를 부어 넣는다. 바나나를 세로로 잘라서 놓는다.

2
오븐을 온도 180도로 예열한다. 1을 밀방망이로 밀어서 두께 2mm 정도로 원형으로 늘린다.

5

4에 오븐 시트를 덮어 타르트 스톤(tarte stone)을 넣고 20분간, 오븐 시트를 뗀 뒤 10분간 굽는다.

8

D를 완만하게 거품을 내어 7의 위로 부어 표면을 팔레트 나이프 등으로 고르게 한다.

3

2를 형틀에 깐다. 형틀 위에서 밀방망이를 굴려서 남아 있는 반죽을 제거한다.

6

작은 냄비에 C를 넣고 약한 불 위에 얹어 걸쭉한 끈기가 나올 때까지 주걱으로 계속 휘저어 준다.

9

인스턴트 커피 가루를 뿌린다.

29세에 티룸을 연 여성 청년 사업가의 도전기!

티룸에도 새로운 바람이 일고 있다!

최근 본고장 영국에서 티룸의 사정도 크게 변화하고 있다. '좋아하는 시내에서 자그마한 티숍을 열고 자신만의 라이프스타일로 일하고 싶다'. 그러한 꿈을 실현하는 젊은 세대가 현재 늘어나고 있다.

1990년대는 런던의 시가지에서 영국의 전통적인 과자들이 진열된 티룸을 찾아보기가 어려웠다. '티룸의 경영'이라고 하면 은퇴한 연령층이 '제2의 인생'을 즐기기 위한 취미로서 교외에서 느긋하게 여생을 보내는 일이라는 이미지가 강하였다.

상황이 급변한 계기는 2010년부터 시작된 TV 프로그램인 「더 그레이트 브리티시 베이크 오프(The Great British Bake Off)」가 사회적으로 큰 반향을 불러일으켰기 때문이다.

이 리얼리티 프로그램은 영국 전역에서 선발된 아마추어 베이커들이 10주간에 걸쳐 여러 가지의 과제에 도전하면서 베이킹의 역량을 겨루는 것이었다. 이 프로그램의 방영이 사회적으로 인기를 끌면서 베이킹 붐이 일어난 것이다. 이로 인해 이전까지만 해도 과거의 산물로 치부되는 것이 아닌지 우려되었던 전통 방식의 과자와 푸딩이 다시 각광을 받은 것이다.

그러한 가운데 자신의 가정에서 내려온 100년 전의 레시피 서적과 할머니로부터 물려받은 수기로 된 레시피 등을 통해 향수가 어린 옛 유풍을 현대에 맞게 재해석하여 창조한 그립고도 새로운 영국 과자류를 간판으로 내세우는 등 티룸에도 새로운 바람이 불기 시작한 것이다.

취미로 배운다는 동기가 20대의 창업으로 이어져

영국에서 전통 과자의 붐은 일본에도 상륙하여 영국식 티룸과 베이커리를 경영하는 젊은이들이 많이 등장하였다. 그중에서도 가장 앞서나갔던 한 사람이 도쿄 하마다야마(浜田山) 지역에 있는 '베리스 티룸'의 여성 청년 기업가인 와다 마유미(和田真弓) 사장이다.

그녀가 티룸을 처음 연 시기는 2013년이었다. 당시 나이는 29세였다. 면적은 12평, 좌석은 불과 15석인 작은 가게였다. 그런데 붐이 일면서 이 가게가 5년 뒤에는 역 근처로 이

동하여 약 2배인 25평의 25석인 규모로 성장하였다. 사업계획서를 작성하여 은행에서 1000만 엔(약 1억 원)의 융자를 받는 일생일대의 도전이었다. 이 당시에 대해 그녀는 잠시 이야기를 들려주었다.

"가게를 연 동기는 부동산 대기업에 근무했을 당시 일 때문이었어요. 너무 지친 나머지 그냥 홀가분한 마음으로 홍차 교실에 다니기 시작했는데, 그만 홍차의 매력에 홀린 듯이 빠져 버린 거예요. 이참에 20대에 티룸을 열어 볼까 잠시 생각하며 결심했던 거지요."

사실 와다 사장은 이미 26세에 기혼 여성이었다. 당시 보수적인 사회 풍조로 제2의 직업을 신중히 고민하던 차에 기존의 근무와 동시에 사회인을 대상으로 하는 제

맨틀피스가 있어서 인기가 높은 티룸.

과 학교의 교육 과정을 밟았다. 또한 경영 노하우도 배우기 위하여 상공회의소에서 주최하는 '창업학교'에 참가하고 비즈니스 관련 서적들도 많이 읽었다고 한다. 그리고 3년 뒤 29세의 나이에 회사를 떠나 염원하던 티룸을 연 것이다. 그렇게 순풍에 돛을 단 배같이 보였지만 큰 암초도 만났다고 한다.

"반년 정도는 손님이 생각처럼 없어 이대로 망하는 게 아닐까 고민도 많이 했어요. 그래서 방향을 전환했는데, 독자적인 목소리를 내기 위해 영국 과자에 공을 들이기로 한 거예요."

이런 와다 사장의 말처럼 당시에는 일본에서도 영국 과자를 본격적으로 선보이는 가게들이 적었다. 그렇지만 이러한 방향의 대전환은 곧 대성공으로 이끌었다. 입소문을 타고 전국에서 손님들이 찾아온 것이다.

뛰어난 기획력의 크럼핏이 공전의 히트를 치다!

티룸을 연 지 2년 뒤에 그런 와다 사장에게도 큰 기회가 찾아왔다. 도쿄의 유명 백화점인 니혼바시 미쓰코시점(日本橋三越本店)에서 매년 가을철이면 개최되는 '영국 페어'에 출품이 어떠냐고 권유를 받은 것이다. 와다 사장은 당시를 떠올리면서 소회를 밝혔다.

"영국 마니아들이 전국에서 모이는 절호의 찬스인데, 뭔가 호소력이 강한 상품을 내고 싶다는 생각이 들었어요."

그러한 생각에 떠올린 것이 영국의 발효 과자 '크럼핏'이다. 표면에 톡톡 뚫린 구멍에 골든 시럽을 뿌려 먹는 매우 부드럽고도 차진 식감의 팬케이크였다. 더욱이 영국의 도자기 업체인 아인슬리(Aynsley China Ltd.)와 교섭해 「잉글리시 바이올렛(English violets)」의 찻잔 세트로 스타일을 통일하였다.

이 기획이 대히트를 친 것이다! 손님들의 긴 행렬이 이어질 정도로 큰 반향을 불러일으켰다.

"지금도 왜 그렇게 수수한 맛으로 승부를 걸려고 생각했는지 질문을 많이 받지만, 당시 일본에서는 맛보기 어려운 것이 더 좋겠다는 그저 단순한 생각이었답니다."

위기를 기회로! 창업가로서의 도전은 계속된다

그러나 베리스 티룸은 새로운 장벽에 또 부딪힌다. 새로운 가게를 개장한 지 불과 1년 만에 '신형 코로나바이러스 감염증(COVID 19)'이 유행해 가게를 부득이 휴업하게 된 것이다.

"어째서 타이밍이 나빴던 것일까 원망에 가까운 생각도 했지만, 마음을 추스르고 방향을 전환해 온라인 판매에 총력을 다했어요."

약 25종류에 달하는 오리지널 블렌드 홍차. 가장 인기가 높은 상품은 「하마다야마(浜田山)」. 하마다야마는 티룸이 있는 곳의 지명이다.

와다 사장의 이러한 회고에서처럼 온라인상에서 총력전을 펼치는 가운데 새롭게 고안한 특별 상품이 또다시 공전의 히트를 치면서 궁지를 벗어난 것이다! 당시 가장 인기 있던 케이크 6종류를 한 세트로 포장한 「영국 과자 엄선 6종」이었다.

"감사하게도 예상 밖으로 주문이 쇄도했어요. 유치원에서 귀가하는 아이를 가게로 데리고 와서 아이와 과자에 눈을 번갈아 보면서 부엌에서 과자를 만들었어요. 죽느냐 사느냐의 문제였지요. 남편이 귀가하면 아이를 그이에게 맡기고 잠을 잊은 채 만들기를 계속했답니다."

그 결과, 전년도 동기 대비 매출이 19배로 늘어났다고 한다. 이러한 얘기를 듣고 와다 사장에 대하여 느낀 점은 매우 비즈니스적인 사고를 지닌 새로운 스타일의 기업가였다는 것이다. 그녀는 향후 계획에 대해서도 당차게 피력하고 있어 앞으로의 전개가 기대된다.

"앞으로는 티룸의 경영뿐 아니라 베리스 티룸을 브랜드화한 사업도 해볼까 생각하고 있어요. 아마도 지금과는 확실히 다른 모양새의 사업이 되지 않을까 싶어요."

히트 상품 여담
베리스 티룸

베리스 티룸을 위기에서 구한 대히트 상품, 「영국 과자 엄선 6종」. 와다 사장에게 그렇게 대히트를 친 이유가 무엇인지에 대하여 견해를 물어보았다.

"지금도 손에 구하기 어려운 영국의 전통 과자를 온라인상에서 쉽게 구할 수 있는 편리성과 홀에서 좌석에 앉아 먹는 단품 가격으로도 6종류의 상품들을 맛볼 수 있는 가성비가 좋았다고 보아요."

「영국 과자 엄선 6종」은 과연 어떤 케이크로 구성되어 있는지 궁금하여 확인한 결과, 과연 수많은 고객들이 귀엽다고 호평할 만한 수준이었다.

장마철 채식용의 「영국 과자 엄선 6종」. 오른쪽 위부터 시계 방향으로 ① 레몬 드리즐 케이크, ② 라벤더 케이크, ③ 빅토리아 샌드위치 케이크, ④ 바나나·토피 케이크, ⑤ 리치 프루트 케이크, ⑥ 당근 케이크.

베리스 티룸	도쿄
「애프터눈 티」 메뉴 / 1인분 / 약 39,000원(VAT 포함)	
시간	12:00~, 14:30~, 1일 2회, 각 120분제, 각 8명
다기	민턴, 아인슬리 등
포크·나이프류	은제
티 푸드	샌드위치 2종, 세이버리 3종, 페이스트리 4종, 스콘 2종 등
잼	1종(딸기)
고형크림	나카자와유업
홍차	약 25종류에서 택일하면 티포트로 서비스한다.
우유	고온 살균 우유를 차가운 상태로 서비스한다.
홈페이지	http://berrystea.com/column/ 메뉴 내용, 시스템, 가격, 시간 등은 변동이 있을 수 있다. 자세한 내용은 홈페이지에서 확인해 주세요.

제2장 '티룸 애프터눈 티'의 매력

애프터눈 티 팬들을 뒤흔든 주리스 티룸!

"동양의 일본인 여사장이 운영하는 티룸이 '영국에서 올해의 톱 티 명소'를 수상했다"는 놀라운 소식이 날아온 것은 2008년이었다.

홍차 공부를 위하여 영국으로 유학길에 오른 사람들은 주말에 여러 지역의 티룸들을 여행하곤 하는데, 홍차의 나라 영국이라고 해서 티룸에서 나오는 홍차와 과자들이 모두 다 일품인 것은 아니라는 사실쯤은 대부분 알고 있다. 더욱이 '홈메이드'를 내세운 티룸들 중에서 이름뿐인 곳들도 허다하다.

그러한 혼란스러운 상황에서는 길라잡이가 될 좋은 도서가 있다. 영국티협의회(The UK Tea Council)가 매년 발행하는 가이드 북인 『베스트 티 플레이스 인 잉글랜드(Best Tea Places in England)』이다.

이 가이드 북은 홍차계의 『미쉐린 가이드(Michelin Guide)』와도 같은 존재로서 홍차의 향미는 물론이고, 티룸의 인테리어와 식기, 청결도와 위생 수준, 스태프의 교양 지식과 직업관에 이르기까지 비밀 심사위원들의 엄격한 심사 기준을 통과한 티룸들만 엄선해 소개하여 영국에서도 신뢰가 매우 두텁다.

그중에서도 최고의 영예는 〈올해의 톱 티 명소〉이다. 매년 발표되는 시기에 이르면 '올해는 과연 어느 티룸이 선발될까!'라며 굳이 홍차 마니아가 아니라도 영국 전역에서 시선이 집중되는 상이다. 역대 수상 티룸으로는 '베티스 카페 티룸스(Bettys Café Tea Rooms)', '브리지 티룸스(The Bridge Tea Rooms)' 등이 있다.

2008년도에 영예의 이름을 빛낸 곳이 '주리스 티룸(Juri's Tea Room)'이다. 이곳의 사장인 미야와키 주리(宮脇樹里) 셰프가 부모와 함께 2003년부터 시작하여 5년 만에 기라성 같은 명소들을 제친 쾌거는 바다 반대편의 일본에서도 매우 큰 반향을 불러일으켰다.

영국티협의회(The UK Tea Council)가 발행한 가이드 북. 인터넷이 없던 시대의 홍차 유학생들은 이 책을 손에 들고 티룸을 찾아 여행하였다.

코츠월즈의 풍취가 훌륭한 건물

주리스 티룸은 매우 보수적이고 자존심이 강한 영국인도 인정한 최고의 티 명소이다. 이곳은 홍차 애호가라면 반드시 한 번쯤은 들러 보아야 할 곳이다.

이 티룸은 잉글랜드 남서부 전원 지대인 코츠월즈(Cotswolds)의 윈츠컴(Winchcombe)에 있다. 이곳은 히스로공항(Heathrow Airport)에서 서쪽으로 150km 떨어져 있어 차편으로는 약 2시간 거리이다.

주리스 티룸의 컨서버토리 룸. 50년 수령의 포도나무가 무성한 잎으로 천장을 장식하는 컨서버토리 룸은 영국에서도 매우 진귀한 장소이다.

양들이 들에서 풀을 뜯는 전원적인 풍경이 펼쳐지는 구릉을 옆으로 가로지르는 도로에서 벗어나면 '코츠월즈 스톤(Cotswolds Stone)'이라 불리는 벌꿀 색의 돌들로 둘러싸인 아름다운 집들로 인상적인 마을 윈츠컴에 도착한다.

이곳은 지도를 훑어보지 않고서도 금방 찾을 수 있다. 한적한 중심가에서도 티룸의 주변만은 바깥까지 손님들이 줄을 길게 서서 넘쳐나고 있기 때문이다. 건립 역사가 350년이나 되어 '보존지정건조물'로 지정된 건물의 티룸은 고풍스러운 분위기로 과거에 대한 향수를 불러일으킨다. 그리고 계산대에는 영국 과자들이 세련된 모습으로 진열되어 있어 단번에 달콤하면서 행복한 향에 감싸인다.

햇볕이 내리쬐는 가운데 포도나무가 치렁치렁하게 무성한 컨서버토리 룸은 정원으로 연결되어 있다. 이곳에서는 아름다운 영국식 정원을 바라보면서 셰프가 직접 구운 스콘과 케이크를 즐길 수 있다. 마치 꿈과도 같이 최고로 행복한 티타임이 될 것이다.

실내를 훑어보면 아이들부터 할아버지까지 만면에 웃음이 떠나지 않는다. 맛있는 홍차와 과자는 국경을 초월하여 사람들의 얼굴에 미소를 짓게 만든다. 주리스 티룸이 이 지역의 주민들로부터 사랑을 받는 이유이다.

주리스 티룸의 정문 모습. 이곳의 인기가 굉장히 높아지면서 윈츠컴의 토지 가격도 많이 올랐다는 이야기도 있다.

주리스 티룸이 일본에 문을 연 뒷이야기

2017년 미야와키 주리 사장이 도쿄 니혼바시(日本橋)의 미쓰코시(三越) 백화점에 '주리스 티룸'을 개점할 것이라는 소식이 애프터눈 티 애호가들 사이에서 크게 떠돌았다.

티룸에서 차지한 '어머니의 자리'

미야와키 사장은 일본에서 개점할 당시의 가슴속에 깊이 묻어 둔 이야기를 들려주었다.

"거기에 이르기까지 참 많은 일을 겪었어요. 함께 의지하며 티룸을 계속 이끌어 오던 사랑하는 어머니가 2013년에 갑자기 돌아가시면서 그 충격으로 목소리가 안 나왔어요. 친구이기도 한 크나큰 존재를 잃어버린 상실감이 커서 사람들 앞에 다시 서기가 무척 어려웠어요."

미야와키 사장에 따르면, 그 일로 인해 실의에 빠져 티룸에 서서 접객하는 일도 잘 안 되었고, 한동안에는 가게를 열기도 하고, 닫기도 하는 상태를 반복하였다고 한다. 상실감이 무척이나 컸던 것이 이유였다.

"새벽녘에서야 일을 마치고 조금 눈을 붙인 뒤 오전부터 다시 주방과 홀에 서는데, 이렇게 전력투구로 나날을 보내고 있었기에 갑자기 가게에 설 수 없게 되자 제가 있어야 할 곳과 또 존재 의식도 완전히 잊은 상태였답니다."

그 뒤 윈츠쿰 주민들의 격려로 마음을 추슬러 어떻게 해서라도 기운을 차린 뒤 다시 가게를 열었지만, 사람들을 맞이할 기운이 없어 주방에서만 나날을 보냈다고 한다.

전환기가 된 '영국 페어'

그런 상실감으로 무기력 상태에 빠진 미야와키 사장에게도 새로운 전환기가 찾아왔다. 2016년 니혼바시 미쓰코시 백화점에서 '영국 페어'에 출점해 볼 것을 권유하여 참가한 것이다.

"오랜만에 손님 앞에 선 것이지만 의외로 상당히 즐거웠어요. 전국에서 손님들이 찾아왔기 때문이에요. 저에 관한 기사가 게재된 잡지의 스크랩을 갖고 유리 너머로 '어머, 주리 씨! 만나고 싶었어요!'라며 만면에 웃음을 띠고 인사를 건네는 사람들이 많이 계시고 해서…, 그래서 '아! 내가 있어야 할 곳은 바로 여기로구나'라고 실감할 수 있었답니다."

당시 영국 페어에서는 스콘과 영국 과자가 날개가 돋친 듯이 팔려서 밤을 지새워 만들고 또 만들어도 즉시 매진되었다고 한다. 더는 팔 물건도 없어 손님들에게 미안한 마음을 가졌던 미야와키 사장에게 손님들은 오히려 '오늘은 주리 씨를 만나러 왔으니 괜찮아요!'라고 상냥하게 먼저 말을 건네주었다고 한다.

미야와키 사장은 이와 같은 분위기로 인해 당시 '이분들에게 뭔가 보답하기 위해서는 일본에도 티룸이 있으면 좋겠다'는 생각이 들었다고 한다. 그 뒤 일이 점차 진행되어 영국 페어를 계기로 인연이 있던 니혼바시 미쓰코시 백화점에 주리스 티룸을 개장한 것이다.

일본 백화점 내에서 매장 출점

그러나 일본에서의 출점, 그것도 백화점 내 매장이라는 면에서 여러 장벽들이 그녀를 기다리고 있었다. "식자재 선택과 스태프에게 영국식 과자의 제과 방법을 가르치는 일 등 장벽이 많았어요. 특히 머리를 아프게 한 것이 티룸에서 제일 중요한 접객 스타일과 아트 홈과도 같은 분위기를 내야 하는 것이었어요."

주리스 티룸의 미야와키 사장. 지금은 온라인 티 교육과 영국 과자의 온라인 판매에 집중하는 등 한층 더 새로운 길을 모색하고 있다.

가족 구성원까지 속속들이 다 아는 지역 주민의 단골손님으로 붐볐던 영국의 티룸과는 달리 일류 백화점의 티룸에서는 친숙하게 손님에게 말을 건네는 것은 금물이었다. 미야와키 사장은 이 난관을 극복하려고 고민한 끝에 마음까지 고쳐먹었다고 한다.

"영국 과자를 먹는 것도, 관심도 없이 그저 쉬기 위해 백화점에 들른 손님들로 처음엔 낙담하였거든요. 그러다가 그런 손님들로 북적이는 장소야말로 오히려 영국 과자와 홍차의 매력을 전하는 명소로 세워 보자는 마음의 각오를 되새겼답니다."

이를 위하여 제일 먼저 시행한 것이 손님으로부터 질문을 받으면 재료에서부터 만드는 방법, 그리고 영국의 음식 문화를 철저하게 설명하는 일이었다고 한다.

"스콘이라는 게 바삭바삭해 왜 이리 맛이 없냐고 말하던 손님들도 지금은 열혈 단골손님이 되었어요. 제 고향인 일본에서 또다시 티룸과 관련된 길을 걷도록 해준 것은 영국 페어에 달려와 주신 손님들의 덕분입니다. 이곳에서 제 나름대로 정성을 다해 그들에게 은혜를 갚고 싶어요."

제2장 '티룸 애프터눈 티'의 매력

 빅토리아 여왕이 좋아한 영국 전통 케이크!
빅토리아 샌드위치 케이크
(Victoria Sandwich Cake)

【재료】

지름 18cm × 높이 4cm의 형틀 2개분

- 버터(무염) 175g
- 계란(전란) 200g
- 설탕 175g

A 박력분 175g
　 베이킹파우더 8g
　 소금 2g

- 딸기잼 적당량
- 그래뉴당 적당량

【사전 준비】

- 버터와 계란은 상온에 둔다.
- A를 섞어서 체에 두 번 내린다.
- 케이크 틀 바닥과 측면에 오븐 시트를 깐다.
- 오븐을 170도로 예열한다.

【만드는 방법】

1 그릇에 버터를 넣고 설탕을 3회로 나누어 넣은 뒤 하얗게 될 때까지 핸드 믹서로 섞는다.
2 달걀을 풀어 1에 조금씩 여러 회에 걸쳐 나누어 넣고 핸드 믹서로 섞는다.
3 체에 내린 A를 2에 3회에 걸쳐 나누어 넣고 고무 주걱으로 잘 섞는다.
4 오븐 시트를 깐 두 개의 틀에 3의 반죽을 절반씩 넣고 예열한 오븐에 넣어 25~28분 정도 굽는다. 꼬치로 찔러 본 뒤 아무것도 묻어 나오지 않으면 완성이다.
5 오븐에서 꺼낸 틀을 선반 위에서 올려 어느 정도 식은 다음에 랩을 씌워 완전히 식힌다.
6 틀에서 꺼내 하나는 시트를 벗겨 표면에 잼을 듬뿍 바르고, 또 하나는 시트를 벗겨 구운 면이 위쪽으로 오도록 올려놓는다. 표면에 그래뉴당을 살짝 뿌려 마무리한다.

케이크 여담
주리스 티룸

왼쪽의 '빅토리아 샌드위치 케이크(Victoria Sandwich Cake)'의 레시피는 미야와키 사장이 이 책의 독자를 위하여 알려 준 것이다. 주리스 티룸의 레시피와는 약간 다르지만, 과자를 처음 만드는 초보자도 그릇 하나만 있으면 간단히 만들 수 있는 레시피이다.

그녀에 따르면, 가장 중요한 사항은 '반죽을 잘해야 한다'는 것이다. 여기에 신경을 좀 더 써야 할 점이 있다면 '잼'이라고 한다. 참고로 말하면, 주리스 티룸에서는 영국 브랜드 '보딩턴(Boddington)'의 딸기잼을 사용하고 있다.

"과육이 듬뿍 든 양질의 잼을 선택하세요. 그것만 해도 맛의 수준이 한층 더 올라갈 거예요!"

이 빅토리아 샌드위치 케이크는 비록 이름에 '샌드위치'라는 말이 들어가 있지만, 사실 애프터눈 티에서는 가장 기본적인 영국 전통의 과자이다. 그 이름은 빅토리아 여왕에서 비롯되었다.

빅토리아 여왕은 사랑하는 남편 앨버트 공이 갑자기 세상을 뜨자 깊은 슬픔에 젖어 와이트섬(Isle of Wight)의 별장, '오스본 하우스(Osborne House)'에 틀어박혀 나날을 보냈다. 그런 여왕을 위로하기 위하여 만든 음식이 바로 이 소박한 과자이다. 여왕이 매우 마음에 들어 하여 국민 사이에서도 이 케이크가 널리 퍼졌다고 한다.

이 샌드위치 케이크는 주리스 티룸의 영국 본점뿐 아니라 일본 지점에서도 대단히 인기가 높은 메뉴이다. 독자 여러분들도 꼭 만들어 빅토리아 여왕의 마음을 달랜 과자의 맛을 직접 경험해 보길 바란다.

주리스 티룸	도쿄
「풀 애프터눈 티」 메뉴 / 1인분 / 약 33,000원(VAT 별도)	
시간	무제한
티 푸드	샌드위치, 케이크 4종, 플레인 스콘
잼	보딩턴 딸기잼
고형크림	다카나시유업
홍차	8종류 중에서 택일
우유	저온 살균 우유를 차가운 상태로 서비스한다.
홈페이지	https://www.juris-tearooms.com/tearoom_menu/tearoom_menu.htmls 메뉴 내용, 시스템, 가격, 시간 등은 변경될 수 있다. 자세한 내용은 홈페이지에서 확인해 주세요.

탐방
홍차 전문점,
티즈 린안
TEAS Liyn-an

홍차를 좋아한다면 반드시 방문하고 싶은 성지, 홍차 티룸의 챔피언!

일본 아이치현(愛知県)의 오와리아사히시(尾張旭市)에도 홍차 애호가들에게 성지로 불리는 티룸이 있다. 홍차 애호가들에게도 입소문이 좋기로 유명한 홍차 전문점, '티즈 린안(TEAS Liyn-an)'이다.

이 티룸은 홈페이지에서 홍차에 대한 정보와 맛을 과학적인 근거에 기초하여 설명하고 있다. 홍차의 맛에 대한 끊임없는 탐구심에 깊은 경의를 느낄 정도이다. 그런 만큼 티룸을 방문한 사람들도 홍차의 맛을 보고 가장 먼저 놀란다.

티룸에서 추천하는 인도의 다르질링 홍차는 그 향이 화려하면서도 감미롭고 한 모금 마시면 순간 입안에서 부드럽고 깊은 맛이 넓게 퍼지면서 달콤한 뒷맛이 길게 이어진다. 아마도 홍차 애호가들은 그 맛에 기쁨의 눈물을 흘릴지도 모른다.

여기에 티룸의 호리타 노부유키(堀田信幸) 사장이 PPT로 데이터를 화상으로 띄우며 손님의 눈앞에서 그 맛의 근거에 대한 정확한 해설을 펼치는데, 그 이야기를 듣고 있노라면 자리에 앉은 이곳이 과연 티룸인가 싶을 정도이다.

이 티룸은 기존의 상식에 얽매이지 않고 추출 방법도 뒷받침할 근거를 제시하면서 홍차의 맛을 선보인다. 마치 과학 실험실과도 같은 곳이다.

물과 주전자에 달린 홍차의 맛!

손님들이 이렇게 작은 문화적인 충격을 받은 가운데 호리타 사장은 강렬한 인상을 남기는 말을 내던진다.

"홍차의 맛은 뜨거운 물의 맛으로 정해집니다. 결론적으로 말하면, 홍차를 우리는 데는 물과 주전자가 가장 중요한 것입니다!"

이 티룸에서는 영국제 주전자를 전용하고 있다. 도구에 대해서 아주 까다로운 성향을 보이는 호리타 사장은 주전자를 오직 영국제인 「심플렉스(Simplex)」만 고수한다. 심플렉스는 역사가 빅토리아 시대 이전으로 올라가는 아주 오래된 주전자 메이커로서 오로지 숙련된 장인의 손길로만 주전자를 탄생시킨다.

"이 구리제 주전자야말로 맛있는 홍차를 우리는 데 꼭 필요한 끓는 물을 준비하는 비결입니다."

티 애호가들이라면 이러한 호리타 사장의 말을 검증하기 위하여 심플렉스 주전자를 사용해 보길 바란다. 그리고 스테인리스, 법랑, 알루미늄, 철 등 다양한 재질의 주전자로 물을 끓인 뒤 동일한 홍차를 우려내 맛과 향을 테이스팅해 보면 된다.

열전도율이 높은 구리제 주전자로 끓인 물은 홍차의 개성을 두드러지게 하고, 놀라울 정도로 부드러운 맛을 낸다. 주전자 하나로 그렇게 홍차의 맛도 변한다는 사실을 실감할 수 있을 것이다. 이 심플렉스 주전자는 영국 왕실에서도 애용하고 있다. 시대를 뛰어넘어 계속해서 사랑을 받는 도구에는 그만한 깊이의 이유가 숨어 있다는 사실을 호리타 사장의 설명을 통해 이해될 수 있을 것이다.

홍차 애호가라면 성지 순례길인 아이치현의 '티즈 리안'을 방문해 보길 바란다. 물론 홍차를 배우려는 학생들에게도 필수 견학 코스가 아닐까 싶다.

맛차 문화와 다방 문화의 고장에서 큰 영향을 받아

아이치현은 일본에서도 티 문화가 화려하지는 않지만, 은근히 일상화되어 있는 고장이다. 특히 아이치현의 서부에서는 사람들이 농사일을 하다가 잠시 쉬는 시간이면 새참으로 맛차(抹茶)를 끓여 마셨다고 한다. 호리타 사장은 그런 아이치현의 분위기에 대해 자신의 경험을 토대로 설명해 준다.

"다른 고장의 사람들에게는 잘 알려지지 않았지만, 사실 제가 자란 이곳 아이치현에는 아주 오래전부터 티 문화가 깊이 뿌리를 내리고 있었어요. 아이치현에서 다방 문화가 발달한 것도 이 맛차 문화 때문이라고 할 수 있습니다. 예를 들어 제 친구가 차실을 조사하러 왔는데, 맛차가 너무도 흔해서 제가 미안하다며 일부러 그를 커피숍에 데려가 커피를 대접할 정도로 맛차는 일반적인 음료예요."

한편 호리타 사장은 맛차 외에 홍차도 아주 좋아하였는데, 사회인이 되어서는 집 안에 영국 홍차 브랜드인 '포트넘 앤 메이슨'의 티 캔 전용 선반까지 만들었다. 기분에 따라 홍차를 골라서 차분하게 우려내 맛을 음미할 때가 가장 행복한 순간이었기 때문이라고 한다.

안테나 기업의 엔지니어가 티룸의 사장으로

호리타 사장은 대학 시절에 기계공학을 전공하고 졸업한 뒤 안테나를 제작하는 기업에 들어가 엔지니어로서 22년 동안 근속하였다. 그러나 44세에 갑자기 인생의 진로를 크게 돌렸다. 홍차 전문점의 사장이 된 것이다. 그 계기는 역시 엔지니어답게 'PC 통신 동호회'였다고 한다.

그는 어린 시절부터 차에 이미 친숙하였는데, 결혼한 뒤 본격적으로 다도를 배우기 시작하였다. 그리고 PC 통신 동호회에서 다도에 관한 정보를 검색하다가 '다도 동호회'를 만난 것이다.

홍차 전문점 티즈 린안에서 선보이는 애프터눈 티의 과자. 모두 호리타 사장의 부인이 직접 만든 것들로서 팬들이 아주 많다.

그곳에서 '차 문화 포럼을 만들자'는 의견이 나왔고, 호리타 사장은 그 스태프가 되었다. 당시 포럼에서는 '일본 다도만이 차 문화가 아니다'며, 일본 차, 영국 홍차, 중국 차, 한국 차 등 다양한 동호회가 형성되었다. 그중 홍차 동호회에서 '차몽 티 가든(Chamong Tea Garden)'의 다르질링 퍼스트 플러시(Darjeeling Fisrt Flush)'라든지, '마가렛 호프 티 이스테이트(Margaret's Hope Tea Estate)의 세컨드 플래시(Second Flush)'라든지 등의 이야기로 대화의 꽃을 피우는 것을 보고 홍차의 세계는 이미 저 정도까지 진척되고 있다는 사실에 호리타 사장은 많이 놀랐다고 한다.

그러할 즈음에 오프라인 모임을 개최하였는데, 당시 아이치현에는 아직 만족할 만한 수준의 홍차 가게도 없었다. 당시 상황을 떠올리며 호리타 사장은 설명해 주었다.

"당시 홍차 전문점으로 동부에는 도쿄 진보초(神保町)의 '타카노(TAKANO)', 서부에는 오사카 도지마(堂島)의 '무지카 티(MUJICA Tea)'가 있었어요. 아이치현에는 '에이코쿠야(えいこく屋)'가 있었는데, 사장인 아라카와(荒川) 씨는 일본 최초로 홍차를 사러 인도의 다르질링까지 건너간 대단한 사람이었답니다. 하지만 인도 요리가 중심인 데다 홍차를 편히 즐길 수 있는 분위기는 아니었던 것으로 기억해요."

1997년 당시 일본에서도 홍차가 작은 붐을 일으키고 있던 상황에서 호리타 사장은 이때를 놓치지 않고 홍차 전문점을 창업한 것이다. 엔지니어였던 그가 티룸의 창업에 의욕을 불태우고 있을 당시의 이야기를 전해 주었다.

"아내에게 창업하겠다고 말했더니 그렇게 하라라고 이미 눈치를 채고 있었는지, 그리하라고 말해 주었어요. 그러면서 못하게 막아 본들 어차피 말을 들을 사람도 아니라고 말하며 아내가 웃던 기억이 나네요."

그런데 아내의 그러한 모습은 호리타 사장이 홍차 전문점을 창업하기로 결단을 내린 배경과도 깊은 관련이 있다고 한다.

"홍차 전문점을 창업하기로 결단을 내린 데 가장 큰 이유는 바로 아내의 시폰 케이크가 있었기 때문이에요. 아무래도 홍차만으로 승부를 거는 일은 비즈니스적으로도 무모해 보였어요. 하지만 아내의 일품 시폰 케이크를 홍차와 함께 선보인다면 어떨까? 고객이 반드시 올 것이라고 다짐하며 스스로 용기를 내었지요."

애프터눈 티와 운명적인 만남

호리타 사장에 따르면, 개점 준비로 전 세계를 돌아다니며 정보를 수집하였다고 한다. 제일 먼저 중국으로 건너가 차나무의 원산지를 조사하였고, 다음으로는 스리랑카로 건너가 홍차의 수입 경로를 파악하였다. 이때 인연이 닿은 스리랑카 기업은 오늘날에는 큰 기업체로 성장하였지만, 당시에는 민가 건물에서 조그맣게 운영하는 영세 업체였다고 한다. 티즈 린안은 지금 이 기업의 가장 오래된 거래처로 남아 있다.

마지막으로 향한 곳은 영국의 여러 티룸들이었다. 당시 호리타 사장은 홍차의 맛을 제대로 전하는 홍차 전문점을 열 계획으로 마음이 부풀어 있었지만, 영국의 티룸을 방문한 뒤로 큰 궤도 수정에 나서게 된다.

"이때 태어나 처음으로 '애프터눈 티'라는 것을 경험해 보았어요. 그 순간 문득 '어, 이것은 일종의 다도와 같다. 이 문화를 일본에 들고 들어가야 한다!'는 생각이 들었어요. 홍차에 관한 문화 전반과 행복한 시간을 티룸을 통해 손님에게 전하기로 가게의 방침을 크게 바꾸었답니다."

이러한 마음가짐으로 사전에 준비를 꼼꼼히 했지만, 호리타 사장은 사실 안테나 제작 기업의 엔지니어로 근무하였기 때문에 음식점의 경영은커녕 종업원으로서 일한 경험도 없었다. 그가 개업할 당시의 상황은 과연 어땠을까?

"처음 몇 개월은 매일 문전성시를 이루었어요. 온라인 포럼에서 교류했던 홍차 마니아들이 전국에서 찾아왔어요. 당시에는 드물었던 점포 홈페이지도 큰 효과를 냈어요. 인터넷으로 '홍차'를 검색하면 저희 가게가 첫 번째로 나왔거든요. 집객 효과는 애초 우리가 기대했던 것이지만 상상한 것 이상이었어요."

지역 활성화에 기여한 '홍차의 챔피언'!

가게를 정상 궤도에 올린 호리타 사장에게는 꿈이 생겼다. 그것은 홍차를 통해 가게가 들어선 오와리아사히시의 지역을 활성화하는 것이었다. 관광객 모두가 흥미를 갖고 이 지역으로 찾아올 방법을 생각하던 차에 일본홍차협회의 '맛있는 홍차 가게 인증제'가 생각난 것이다.

호리타 사장은 오와리아사히시가 매우 작은 도시이기 때문에 그 인증제에서 1등을 할 수 있다고 보았다. 그에 따르면, '맛있는 홍차 가게 인증제'의 좋은 점은 인증 수수료를 내지 않아도 되는 점이라고 한다. 금전적인 부담이 없어 홍차 전문점 주인의 마음먹기에 달린 것이다.

"물론 저도 다른 전문점 주인에게 무료로 조언도 하고, 홍차를 우리는 방법을 가르치기도 했답니다. 다만 저희 가게의 찻잎은 사용하지 말아 달라고 요청하고 대신에 믿을 수 있는 전문점들을 소개했어요. 여러 전문점의 훌륭한 홍차를 이 작은 도시의 곳곳에서 마실 수 있다면 그 또한 좋은 일이 아니겠어요? 우리 가게의 찻잎을 사서 사용해 달라고 하면 마치 내 이익을 위하여 일하는 것처럼 보일 수도 있는데, 그건 안 되잖아요?"

처음에 이 작은 도시에서 3~4곳의 가게만 '맛있는 홍차 가게의 인증'을 받으면 인구 비율로 전국 1등이 될 수 있다고 예상하였지만, 실제로는 총 11곳이 되어야 전국 1등을 할 수 있다는 사실을 나중에서야 알았다고 한다.

"활동 초기에는 정말 전국 1등이 될 수 있을지 고민했어요. 하지만 고민하는 것보다 그 시간에 일단 해보자는 식으로 활동하다 보니 어느덧 14곳의 가게가 추가로 인증을 받아 총 15곳이나 되면서 인구 대비 전국 1등을 차지했어요."

그 뒤 오와리아사히시는 '맛있는 홍차 가게'가 인구 대비 가장 많은 곳으로서 지금도 꾸준히 전국 1위를 달리고 있다고 한다. 또한 2019년 호리타 사장은 또 다른 도전에 나섰다.

일본홍차협회가 주최하는 〈맛있는 홍차 가게 챔피언십〉에 출전한 것이다. 홍차 업계에서는 이미 알 만한 사람은 다 아는 존재였던 호리타 사장이기에 챔피언이 되지 못하면 어쩌나 하는 불안이나 자기방어적인 생각도 있었다고 한다.

"최종 결승 과제가 제가 자신이 있던 '다르질링 퍼스트 플래시'를 맛있게 우리는 것이었기에 준결승 과제인 '어레인지 티'만 통과하면 될 것이라 솔직히 자신하고 있었답니다."

결과는 물론 우승이었다. 당시 호리타 사장은 우승 소감과 함께 앞으로 포부도 밝히면서 지역 사람들로부터 많은 관심을 받았다.

"무엇보다 기쁜 것은 전국에서 새로운 손님들이 우리 지역을 찾아 오게 된 점과 지역 활성화에 큰 관심을 보여 준 가게들이 늘어난 것입니다. 언젠가 전국의 홍차 애호가들이 오와리아사히시를 방문해 맛있는 홍차를 선보이는 티룸들을 찾아 돌아다니면서 북적거렸으면 좋겠습니다."

우승을 차지한 그 홍차를 우리는 방법!

【🍵 재료】 1인분
다르질링 퍼스트 플래시 5g, 끓는 물 350mL
※ 찻잎과 물의 양은 기호에 따른다.

【🍵 도구】
내부가 구리로 된 주전자, 또는 작은 냄비. 여기에서는 영국제 주전자 '심플렉스'를 사용, 티포트 2개
※ 티포트 A는 찻잎의 성분을 추출하기 위한 것.
※ 티포트 B는 서비스할 때 사용하는 것.

【🍵 우리는 방법】

1 내부가 구리로 된 주전자나 작은 냄비에 수돗물을 세게 틀어 붓고 강한 불에 얹어 끓으면 곧바로 불을 끈다. 물이 끓는 과정에서는 용존 공기가 빠져나가는데, 그와 함께 공기의 조성 성분인 이산화탄소도 빠져나감으로써 물이 점차 염기화되면서 물의 맛이 변화한다. 홍차의 경매에서는 반드시 갓 끓인 물을 사용해 맛있는 홍차인지를 확인하기 때문에, 갓 끓인 물로 우린 맛이 홍차 본래의 맛인 셈이다.

2 데운 티포트 A에 찻잎을 넣고 여기에 1의 온수를 3분의 1가량을 붓는다. 뚜껑을 덮고 5분 정도 뜸을 들인다.

3 데운 서빙용 티포트 B에 2의 홍차를 붓는다.

4 티포트 A에 남은 찻잎에 약간의 뜨거운 물을 더 붓는다. 찻잎을 헹구듯이 티포트를 돌린 뒤 남은 그 홍차를 곧바로 서빙용 티포트 B에 붓는다.

5 우린 홍차가 350mL가 될 때까지 반복한다.

호리타 사장이 〈맛있는 홍차 가게 챔피언십〉에서 우승하였을 때 당시의 우려내는 방법을 여기서 특별히 소개한다. 이 방법은 호리타 사장이 실패로부터 우연히 발견한 노하우인 '다중 추출법'이라는 것이다. 보통 홍차를 우리면 마지막의 진한 한 방울을 흔히 '골든 드롭(golden drop)'이라고 한다. 이는 잘 추출된 마지막 한 방울에 좋은 맛의 성분이 포함되어 있기 때문이다.

다중 추출법은 소론의 뜨거운 물로 찻잎에 뜸을 들인 뒤 뜨거운 물을 여러 회에 나누어 붓는 식으로 찻잎의 성분을 온전히 추출하는 방법이다. 우려내는 찻잎 주위에 농도가 진한 부분 있으면 삼투압의 관계로 성분이 완전히 추출되지 않는다. 따라서 뜨거운 물을 여러 차례에 나누어 부어서 찻잎에서 좋은 향미의 성분들을 모두 추출하는 것이다. 즉 '골든 드롭'을 끝까지 추출하는 것이다.

그러나 아쉽게도 이 방법은 손길이 많이 가기 때문에 영업을 위한 가게에서는 어렵다.
이 방법은 일반 가정에서 즐기는 티타임에만 가능하여 매우 사치스러운 방법이기도 하다.

제2장 '티룸 애프터눈 티'의 매력

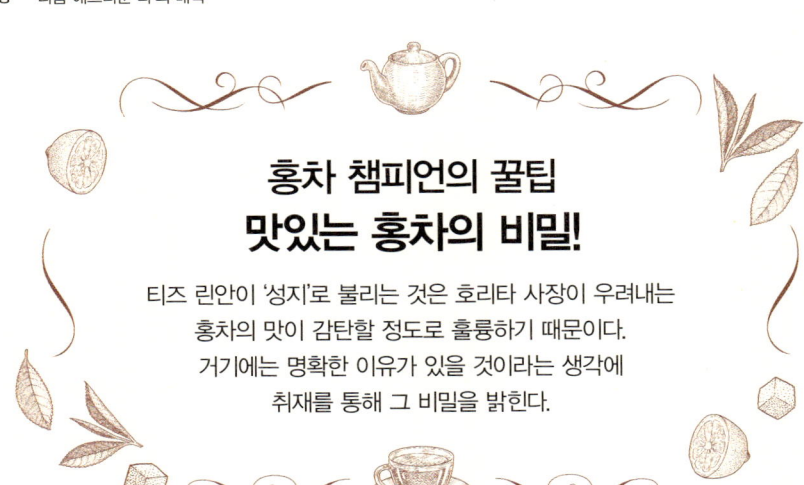

홍차 챔피언의 꿀팁
맛있는 홍차의 비밀!

티즈 린안이 '성지'로 불리는 것은 호리타 사장이 우려내는
홍차의 맛이 감탄할 정도로 훌륭하기 때문이다.
거기에는 명확한 이유가 있을 것이라는 생각에
취재를 통해 그 비밀을 밝힌다.

홍차를 맛있게 우리는
세 가지의 핵심 사항

1 맛있는 홍차를 골라 햇빛을 피해 보관한다.

2 수돗물을 세게 틀어 주전자에 붓고 물이 끓으면 곧바로 홍차를 우린다.

3 점핑이 충분히 일어나도록 뜸을 잘 들인다. 시간은 최소 3분 이상이다. 큰 찻잎은 5분 이상 또는 10분 이상이어도 좋다. 홍차가 너무 진한 경우에는 뜨거운 물이나 우유를 넣어 기호에 맞는 농도로 희석하여 마신다.

Q
맛있는 홍차를 우리는 비결은 한마디로 무엇인가?

A 맛있는 찻잎을 사용하는 것이다.

매우 단순하다. 맛있는 찻잎을 사용하고 그 찻잎에 맞는 물로 우리는 것이
가장 중요하다. 골든 룰이나 점핑만을 고집할 필요는 없다.

티즈 린안에서는 어떤 물을 사용하는가?

 수돗물을 사용한다.

홍차는 산소가 많이 포함된 갓 끓인 물로 우리는 것이 중요하기 때문에 수돗물로도 충분하다. 특히 수질이 매우 좋을수록 홍차에 적합하다. 단, 끓인 물의 맛은 산소량에 따라 크게 달라지기 때문에 신선한 공기를 물에 함유시키는 데 신경을 쓴다.

일반적인 수도관의 유수량은 20~30L/분이지만, 티즈 린안에서는 수도관의 공사를 통해 식품 공장 등에서 사용하는 100L/분 나오는 굵은 수도관으로 바꾸었다. 그리고 수질을 안정화시키기 위하여 해로운 화학물질이나 바이러스, 세균을 제거하는 '시걸 포(Seagull IV)'라는 브랜드의 정수기도 설치하였다.

습기로부터 찻잎을 보호하는 좋은 대책이 있다면?

 습기는 신경 쓰지 않아도 괜찮다.

일본에서는 습기를 걱정하는 분들이 많지만, 보관 용기가 밀폐되어 있으면 습기는 더이상 신경을 쓰지 않아도 된다. 대신에 찻잎은 다른 향을 흡수하는 성질이 강하여 음식물이 든 냉장고에는 넣지 않고 상온으로 보관한다. 상온에 두면 서서히 숙성도 진행되어 해마다 다른 숙성의 맛도 즐길 수 있다.

홍차에 맞는 물로 끓이는 방법이 있다면?

 대전제는 신선한 물이다.

수도관을 세게 틀어서 수돗물을 주전자에 부어 공기를 포함하도록 하고 그 물을 갓 끓여서 사용한다. 물을 끓이면 당연히 용존 공기는 빠져나가기 때문에 오랫동안 물을 끓이면 좋지 않다. 또한 지역적으로 수돗물의 맛과 상태가 한결같지 않아 시판의 물을 사용할 경우는 천연수나 생수를 사용하는 것도 권장한다.

찻잎을 보관할 때 유의할 점은?

 가장 조심할 것은 햇빛이다.

직사광선은 물론이고 실내등의 빛에 쬐어도 찻잎의 품질이 변한다. 금속 캔이나 내부가 알루미늄 재질로 된 봉투에 넣어 밀봉하여 햇빛을 최대한 차단하여 보관한다. 티즈 린안에서는 유리병에 금색 알루미늄을 증착시킨 오리지널 티 캐디를 사용한다.

제2장 '티룸 애프터눈 티'의 매력

Recipe
설탕을 전혀 사용하지 않는 레시피
플레인 스콘

스콘은 고형크림을 즐기기 위한 음식이다. 그러한 만큼 일정 이상의 단맛이 필요하지 않다는 호리타 사장의 생각으로 티즈 린안의 스콘은 설탕을 전혀 사용하지 않는다.
잼과 고형크림을 듬뿍 얹어 입에 넣고 바로 홍차를 삼키면 스콘의 맛은 사라지고 잼과 크림의 맛만 입에 남아요. 그때 크림의 맛을 즐기는 거예요.

재료 지름 5cm의 스콘 약 25개분

A 박력분(밀 100%) 500g
　베이킹파우더 5작은술
　소금(정제염) 1작은술(5g)
　* 간수가 많이 포함된 소금을 사용하면 스콘에 쓴맛이 나므로 정제염을 사용한다.
• 버터(무염) 150g

B 계란 2개
　우유(요츠바) : 달걀과 섞어 300mL가 되도록 한다.

사전 준비
- 버터는 사전에 무게를 잰 뒤에 변이 1cm인 육면체로 잘라 냉장고에서 보관한다.
- **A**를 섞어 체에 내린다.
- 계란과 우유를 섞어 둔다.
- 오븐을 230도로 예열한다.

만드는 방법

1 그릇에 **A**와 버터를 넣고 섞은 뒤 손가락 끝으로 버터와 박력분을 버무려 섞는다. 이때 버터 조각이 쌀알 크기가 되도록 한다.
2 1에 **B**를 넣어 한 덩어리로 반죽한다.
3 빵 매트에 강력분을 뿌리고(분량 외) 밀방망이로 두께 약 2cm의 직사각형으로 민다.
4 2를 세 번 접어 밀방망이로 1.8cm의 두께로 밀고 다시 세 번 접어 밀방망이로 1.8cm 두께로 다시 민다.
5 틀에 강력분(없다면 박력분)를 묻혀(분량 외), 4를 이 틀로 찍어 오븐 판에 올려놓는다.
6 예열한 오븐에 5를 넣어 온도를 200도로 낮추어 15~25분간 굽는다.
7 일단 꺼내 스콘을 옆으로 세우고 측면이 위를 향하도록 하고 약 5분간 구우면 완성이다.

티 테이블웨어 여담
티즈 린안

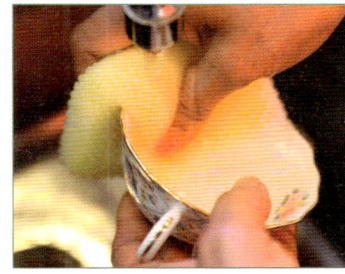

티즈 린안에서 사용하는 그릇은 모두 노리다케의 본차이나로 「웨딩 몰(Wedding Mall)」이라는 시리즈이다. 20년 전의 문을 열 당시부터 같은 제품을 계속해서 사용하고 있다. 호리타 사장의 부인이 도자기 업체 노리다케사의 직원이었던 인연으로 선택하였다고 한다. 그릇에서 가장자리가 빠지거나 그림과 선 부분이 벗겨지는 일도 없이 늘 새것과 같은 상태로 유지되어 있다. 이러한 그릇의 손질 요령에 대해서도 호리타 사장은 친절하게 설명해 주었다.

"딱히 특별한 것도 없어요. 단지 사용한 그릇은 곧바로 닦는 거지요. 그러면 나중에 찻물 때도, 물때도 없어 힘을 들이지 않고서도 닦을 수 있어요. 이때는 부드러운 스폰지를 사용하도록 직원에게 주의를 시키지요."

사진은 찻잔 설거지에서 실수하는 사례의 모습. 스펀지로 찻잔의 가장자리를 끼고 문지르면 금줄이 벗겨진다.

티즈 린안	아이치현
「애프터눈 티」메뉴 / 2인분 / 53,000원(VAT 포함)	
시간	무제한. 다만 혼잡할 때 제한을 두는 경우도 있다.
다기	노리다케의 「웨딩 몰」, 「빈티지」
포크·나이프류	은기
티 푸드	샌드위치 2종, 케이크 4종, 플레인 스콘
잼	제철의 잼(수제)
고형크림	나카자와유업
홍차	약 30종류에서 택일
우유	홋카이도 요츠바 우유(고온 살균)를 차가운 상태로 예열한 피처에 넣어 상온의 상태로 서비스한다.
홈페이지	http://liyn-an.com 메뉴 내용, 시스템, 가격, 시간 등은 변경될 수 있다. 자세한 내용은 홈페이지에서 확인해 주세요.

제2장 '티룸 애프터눈 티'의 매력

영국의 귀족과 '이마리'에 깃든 찻잔 이야기

찻잔 세트의 기원은 동양!

영국 귀족의 저택을 둘러보면 눈에 크게 띄는 것이 동양 도자기이다. 예를 들면 영국 왕실의 전 왕세자비 다이애나 스펜서(Diana Frances Spencer, 1961~1997)의 생가이자, 스펜서 백작의 저택인 '올소프(Althorp)'를 방문한다면 '이마리(Imari)' 양식의 도자기도 만나 볼 수 있다.

큰 저택의 실내 장식품으로는 아리타(有田) 도자기의 큰 접시와 항아리가 장식되고, 차이나 캐비닛 안에는 채색 도자기와 청화백자가 빽빽이 장식되어 있다. 17세기 가키에몬(柿右衛門) 양식의 도자기들이다.

영국의 귀족과 이마리 양식. 이 신기한 앙상블에 다소 위화감을 느낄 수도 있다. 또한 여건이 된다면 워번 애비를 비롯해 다른 저택들도 둘러보길 바란다. 그 배경에는 티를 둘러싼 다양한 이야기들이 숨어 있다.

애프터눈 티의 테이블을 장식하는 찻잔 세트. 매우 화려하여 서양의 것으로 생각되지만, 그 기원을 뒤쫓아가면 티와 함께 동양에 이르게 된다.

시누아즈리와 이마리의 열풍

대항해 시대에 다기는 티와 함께 '티 로드(Tea Road)'(또는 실크로드)를 통해 유럽에 들어왔다. 중국에서 오래전부터 사용된 동양적인 문양이 그려진 시누아즈리풍의 찻주전자와 찻잔들은 동인도회사의 운송선에서 균형을 잡기 위하여 '밸러스트(ballast)'로 적재되었다.

이때 처음으로 자기라는 물건을 접한 왕족과 귀족들은 그 신비스러운 시누아즈리풍의 아름다움에 깊이 매료되었다. 두껍고 유색의 통통한 도기와는 달리 섬세하고 얇으며 투명하고 하얀 자기는 '차이나(china)'로 불리면서 일대 열풍을 일으킨 것이다.

당시 자기를 소성하는 기술이 없었던 유럽에서 이국적인 시누아즈리풍의 자기를 수집하는 일은 권력의 상징이었다. 그러한 배경으로 왕족과 귀족들은 자신이 수집한 자기 항아리와 접시를 장식할 '자기 방'을 꾸미는 데 몰두하였다.

17세기 중반 유럽 전체가 자기의 열풍에 휩싸인 가운데, 중국에서는 명나라가 청나라로 왕조가 교체되는 대혼란기로 들어서면서 자기의 수출이 갑자기 어려워졌다. 그때 주목을 받은 것이 일본의 자기였다.

그 뒤 18세기까지 수백만 점의 아리타 자기가 바다를 건너 유럽으로 수출된 것이다. 수출 선박이 항구 도시 '이마리(伊万里)'에서 출항하였기 때문에 서양에서는 '이마리(Imari)'로 불리면서 일대 선풍적인 인기를 끌었다. 특히 동양적인 분위기의 가키에몬 양식이 서양에서 크게 유행하면서 한때는 시누아즈리풍의 자기보다 더 높은 가격에 거래되었다.

'자기병'에 걸린 귀족들로 인하여 마침내 '모조품'까지 등장!

영국에서 티 모임이 점차 사회적인 관습이 되면서 왕족이나 귀족의 상류층인 수집가들은 희귀한 다기들을 모으려고 혈안이 되었다. 이마리 자기의 열광적인 수집가들은 세계에서 오직 하나밖에 없는 오리지널 작품들만 상인에게 생산을 주문하였다.

처음에는 견본에 있는 도안을 조합하여 가문의 문장이나 이니셜을 넣는 절반의 맞춤형으로 생산되었지만, 점차 모양이나 색, 도안까지도 주문자의 취향대로 완성하는 '주문자 생산 방식(OEM)'으로 변모하였다. 티 모임에서 안주인이 직접 주문 제작한 자기 찻잔 세트를 선보이는 일은 최고의 신분 상징이었다.

자기 수집에 빠져 돈을 물 쓰듯이 사용하는 왕족이나 귀족들을 두고 세간에서는 '자기병(porcelain sickness)'에 걸렸다고 이야기하였다. 특히 「오리엔탈 화이트 골드(Oriental White Gold)」라고 불리는 자기는 금이나 은에 버금가는 가치로 거래될 정도로 가격이 폭등하였다. 운송 도중에 깨진 도자기 조각조차도 금화처럼 소중히 여겼다.

그러한 가운데 당연히 모조품들도 등장하였다. 도기에 하얀색의 유약을 발라 동양풍의 도안을 찍은 뒤 자기로 속여 고가에 팔아넘기는 악덕 상인들도 출현하였다고 한다.

독일 '마이센사'의 탄생과 영국제 '본차이나'

그러한 자기병에 걸린 상류층의 사람들은 마침내 어떻게든지 직접 자기를 생산하고 싶은 강한 의지를 드러냈다. 재력이 풍부한 왕들은 수집품을 늘리는 한편 자기를 제작하는 비법의 해명에도 총력을 쏟았다.

그런 가운데 꿈을 가장 먼저 이룬 국왕이 '이마리' 자기로는 당시 최강의 수집가였던 독일 작센 선제후이자 폴란드 국왕인 아우구스트 2세(August II, 1670~1733)였다. 1709년 독일의 마이센 지방에서 '폴란드왕·작센선제후 도자기공장(Koniglich-Polnische und

'Kurfurstlich-Sachsische Porzellan-Manufaktur)'(이하 마이센 업체)를 설립하고 중국 제법으로 최초로 자기를 생산하는 데 성공한 것이다.

독일 마이센 업체에서 중국 자기의 제작에 성공하면서 그 비법은 국경을 넘어 유럽 전역으로 퍼졌다. 순차적으로 유럽에서는 새로운 도자기 업체들도 생겨났는데, 가장 뒤처진 곳이 영국이었다.

도서 국가인 영국은 구대륙과는 지질이 달라서 도자기 소성의 열쇠인 '고령토'가 나지 않았다. 이러한 환경으로 영국에서는 고령토를 대신할 소재를 개발하여 자기의 새로운 제조 기술을 모색할 수밖에 없었다.

18세기 중반에 각고의 노력 끝에 소의 뼈를 태운 '골회(bone ash)'를 고령토 대신에 사용하여 소성한 연질 자기, '본차이나(Bone China)'를 탄생시켰다. 영국제 자기인 본차이나의 탄생과 함께 이마리와 가키에몬 양식의 그림과 문양들도 많이 사용되었다.

특히 상류층 사이에서 유행한 자기로는 1775년 도자기 업체 '로열 크라운 더비(Royal Crown Derby)'가 발표한 「이마리(IMARI)」였다. 동경하는 이마리 양식의 자기 중에서도 붉은색의 그림에 선명한 금채(金彩)(금장식)를 융합시킨 '긴란데(金襴手)'(금란수) 양식이라 불리는 화려한 문양은 마이센의 가키에몬 양식 문양과 함께 서양에서 '자포네즈리(Japanesery)'(일본 양식)라 불렸다. 「이마리(IMARI)」 자기는 19세기 유럽에서 꽃을 피운 '자포니즘' 시대를 거쳐 지금까지도 이어지고 있다. 영국 귀족들의 저택을 장식한 이마리 양식의 자기 찻잔 세트. 그것은 동양에 대한 동경으로부터 시작된 귀족들의 취미였다.

로열 크라운 더비 업체의 「이마리(IMARI)」 찻잔 세트와 슬롭 볼(slop bowl). 슬롭 볼은 찻잔을 데울 때 사용한 온수와 남은 홍차 찌끼를 쏟는 그릇이다. 찻잔으로 보기도 한다. 은제 주전자는 19세기 상류층의 애프터눈 티에서 유행한 버너 스탠드가 달린 '스피릿 케틀(spirit kettle)' 제품이다. 스탠드와 접속된 부위의 핀을 빼면 주전자를 기울일 수 있다. 영국의 역사 드라마 「다운턴 애비」에서도 할머니가 애용하던 우아한 티 세트이다.

앤티크 찻잔으로 홍차를 선보이는 티룸

아르누보 양식이 돋보이는 살롱 스타일의 카페

시대를 뛰어넘어 전해지는 앤티크와 빈티지의 찻잔을 실제로 손에 든 채 애프터눈 티를 즐긴다고 상상해 보라! 아주 멋진 모습일 것이다. 그런 꿈같은 공간이 도쿄 번화가인 긴자(銀座)에 있다. 「로열 크리스털 카페(Royal Crystal Cafe)」이다.

유리문을 열고 들어가면 그곳은 전혀 다른 세계가 펼쳐진다. 벽에는 러시아 출신의 프랑스 화가인 마르크 샤갈(Marc Chagall, 1887~1985)과 프랑스 여류 화가인 마리 로랑생(Marie Laurencin, 1883~1956)의 판화 그림, 유리 공예가 르네 랄리크(René Lalique, 1860~1945)의 호화로운 유리 세공품이 장식되어 있어 마치 19세기 프랑스의 아르누보 스타일로 장식된 살롱을 구경하는 듯하다.

애프터눈 티 애호가들이 꿈에 그리는 티룸!

앤티크 도자기 찻잔의 애호가들 사이에서는 문을 열 당시부터 호평을 받았던 로열 크리스털 카페. 또한 애프터눈 티의 애호가들에게는 꿈에도 그릴 만한 티룸이다.

이 티룸을 창업한 사람은 '도토르 커피(Doutor Coffee Co., Ltd)'의 창업자인 도리바 히로미치(鳥羽博道) 명예회장이다. 도리바 회장은 이토록 호화로운 티룸을 열게 된 배경에 대하여 들려주었다.

"도토르 커피에서는 사업을 본 궤도에 올려서 확장하고 안정화하는 일에 전력을 다했습니다. 이를 위해 불필요한 부분은 제거하고 합리적으로 가게를 운영했습니다. 그 결과 저렴하고 맛있는 커피를 제공하면서 많은 분이 즐거워했는데, 그것이 곧 저의 기쁨이 됐습니다. 그런데 제 마음 한구석에는 늘 언젠가는 단 하나의 가게만이라도 기업이라는 거대한 체제에서는 실현이 어려운, 제 마

실내 장식이 화려하여 멋지게 옷을 차려입고 들르고 싶은 살롱 스타일의 티룸. 특별 룸도 3개나 있다.

음속에 그리는 호화롭고도 아름다운 티룸을 열어 보고 싶다는 꿈이 있었습니다."

그에 따르면, 티룸을 오픈한 시기는 2007년이었지만 그 이전에 약 4년에 걸쳐 전 세계의 최고급 호텔과 카페, 미술관을 떠돌며 사업을 준비하였다고 한다. 로열 크리스털 카페를 장식한 물건들은 모두 최고급의 장식품들이다. 찻잔 세트도 물론 도리바 회장이 직접 고른 것이다.

앤티크 찻잔 수집과 운명적인 만남

도리바 회장은 티룸을 열기 직전에 우연히 앤티크의 세계에 발을 들여놓았다. 물론 당시에는 앤티크 찻잔의 세계에 대해서 전혀 몰랐지만, 티룸을 개장하기로 마음을 정할 시점에 우연히 어느 부부의 수집품들을 소개받아서 전부 인수한 것이다. 그때부터 앤티크 찻잔의 세계에 눈을 뜨면서 지금은 직접 찾아다니면서 구입할 정도라고 한다.

"예전에 그 부부의 가정에 방문해 수집품들을 구경한 적이 있었습니다. 실내를 가득 채운 아름다운 찻잔들은 40여 년에 걸쳐 수집된 400점에 달하는 귀중한 물건들이었습니다. 그 물건들이 오랜 세월 속에서도 뿔뿔이 흩어지지 않았다는 사실에 앤티크 찻잔의 애호가로서 그저 감사할 따름입니다."

그 뒤 도리바 회장은 이러한 수집품들을 전시하기 위하여 미술관과 병설 티룸을 도쿄도의 지유가오카(自由が丘) 지역에 개장하였다. 물론 첫 개장은 대성공을 거두었다고 한다.

앤티크 찻잔의 매력에 빠진 사람은 또 있다. 카페의 이리자와(入澤) 점장이다. 그는 도토르 커피사를 퇴직한 뒤 도리바 회장의 요청으로 로열 크리스털 카페에 입사하였다. 처음에는 찻잔 세트를 전혀 모른 상태였지만, 지금은 열렬한 애호가로 변모하였다.

한편, 로열 크리스털 카페에서는 노리다케 브랜드의 앤티크 찻잔을 사용하고 있는데, 그것을 사용하게 된 계기에 대하여 이리자와 점장은 당시를 떠올리며 이야기를 풀었다.

"외출하다 우연히 올드 노리다케 찻잔 세트를 사게 되었어요. 카페용으로 샀는데, 안 되면 제 개인용으로 사용해도 좋겠다는 생각이 들어서였는데요. 이게 그만 회장님의 마음에 드는 바람에……."

'사람의 마음을 밝게', 그것이 늘 일하는 목적!

1970년 도토르 커피숍을 개장할 때 도리바 회장의 가슴에는 '식탁마다 아름다운 꽃 한 송이를 장식하는 여유로움이 갖춰졌으면 좋겠다'는 생각이 있었다고 한다. 그 마음은 이곳 로열 크리스털 카페에서도 여지없이 펼쳐지고 있다.

"저는 어릴 때부터 매우 가난했습니다. 그래서인지도 모르겠지만 항상 사람의 마음을

주방의 진열대에 즐비하게 놓인 앤티크와 빈티지의 찻잔 세트. 방문하였을 때 어떤 찻잔 세트가 등장할지 기대를 모은다.

왼쪽에서 시계 방향으로 「조지 존스(George Jones)」(1890), 「마이센」(1880~1900), 「로열 크라운 더비」(1909년), 「힐디치(Hilditch)」(1830).

밝고 풍요롭게 만드는 일을 하며 살고 싶습니다."

도리바 회장의 아버지는 초상화가였지만, 당시 시대의 큰 물결로 카메라가 보급되기 시작하면서 일감이 줄어들어 가난에 시달리기 시작하였다. 이 당시를 떠올린 그의 말이다.

"예술가 기질 때문에 불쑥불쑥 방랑길에 올랐습니다. 어머니는 나가노 출신이었는데 도쿄 오츠마 여자 대학을 졸업해 교사로 종사했습니다. 꿈과 뜻을 품고 상경했겠지만, 실제로는 아이들도 많고 생활에 쫓겨 늘 지친 모습이었습니다. 제가 9살 때 돌아가셨습니다. 지금 돌이켜보면 저는 어머니의 웃는 모습도 본 적이 없습니다."

도리바 회장이 사람을 기쁘게 하고, 미소를 짓게 만들고 싶다는 생각으로 늘 일에 임하는 것은 어쩌면 마음 한구석에 어머니를 미소 짓게 만들고 싶다는 생각이 있기 때문일는지도 모른다. 아름다움을 사랑하는 마음은 예술가인 아버지로부터 물려받은 것일 수도 있다.

앞서 소개하였듯이, 티룸은 그곳 사장의 마음을 느끼기 위해 가는 곳이기도 하다. 도리바 회장이 로열 크리스털 카페에 대한 마음에 대해서는 다음과 같이 이야기한다.

이리자와 점장(왼쪽)과 도리바 명예회장(오른쪽)의 모습.

"손님들이 아름다운 앤티크 장식으로 둘러싸여 맛있는 홍차와 과자를 즐기면서 마음에 괴로운 일도 많겠지만 한순간이라도 잊고 얼굴에 미소를 띨 수만 있으면 더 바랄 것이 없습니다."

제2장 '티룸 애프터눈 티'의 매력

― 찻잔 세트 컬렉션 ―
로열 크리스털 카페

일본 도쿄도 긴자 지점의 입구 오른편에 자리한 차이나 캐비닛. 매우 귀한 앤티크 찻잔들로 진열되어 있다. 여기서는 그중에서도 차분히 감상하고 싶은 희귀 찻잔 세트 몇 점을 소개한다.

세브르(Sevres) 1890년
섬세한 레이스로 아름다운 피어싱. 장인의 수작업으로 멋진 투각(透刻)을 감상할 수 있다.

세브르(Sevres) 1758년
손잡이가 달린 찻잔이 나오기 시작할 당시에는 손잡이가 그림 뒤쪽에 붙어 있는 것도 많이 볼 수 있다.

콜포트(Coalport) 1890년
황금색의 바탕에 녹색 에나멜로 입체적인 점 모양으로 구사한 섬세한 기법은 화려함의 극치를 보인다.

로열 우스터(Royal Worcester) 1912년
멋진 금채와 흰점 장식이 있는 받침 접시의 네 면에 그림이 있다. 4명의 도자기 화가가 꽃, 과일, 동물, 풍경을 손으로 그렸다.

마이센(Meissen) 1750년
'옥타고널(octagonal)'이라는 팔각 모양은 초기 마이센이 중국 도자기를 모방한 것이다. 바다와 항구의 풍경은 귀족들 사이에서 인기가 높았다.

로열 비엔나(Royal Vienna) 1765년~1770년
귀부인이 침대에서 뜨거운 초콜릿 등의 음료를 마실 때 미끄러지지 않도록 홀더가 붙어 있다.

백 스탬프 이야기

찻잔과 받침 접시 뒤에는 '백 스탬프'라 불리는 도자기 인(印)이 찍혀 있다. 백 스탬프는 제조사명과 제작 연대 등의 기본적인 정보뿐 아니라 그 작품을 제작한 화가와 도공들의 긍지까지 나타낸다. 꽃잎 모양이 사랑스러운 찻잔의 백 스탬프는 '티파니(Tiffany)'와 '조지 존스(George Jones)'의 더블 네임이다. 미국의 고급 보석 브랜드인 티파니가 영국의 도자기 업체인 조지 존스에 특별 주문하여 제작한 작품이다.

회장의 꿈 이야기

로열 크리스털 카페
(Royal Crystal Cafe)

로열 크리스털 카페의 지유가오카 지점. 영업일과 영업 시간 등은 홈페이지 https://www.royalcrystalcoffee.jp에서 확인할 수 있다.

도쿄도의

긴자에 오랜 꿈이었던 이상적인 티룸을 열고 성공을 거둔 도리바 명예회장. 그는 새로운 구상도 가지고 있었다. 행복과 기쁨을 함께 공유하고 싶다는 의도로 앞서 소개한 귀한 앤티크 찻잔 미술관에 병설 티룸을 열었다.

300여 개의 아름다운 앤티크 찻잔 세트에 둘러싸여 홍차를 마실 수 있는 가게의 이름은 '로열 크리스털 카페 지유가오카'이다. 이곳의 1층에는 앤티크 찻잔 세트의 컬렉션이 전시되어 있으며, 커피 로스팅실과 갓 볶은 원두를 판매하는 가게도 있다. 도리바 회장에 따르면 커피는 선물용으로도 훌륭한 최고급 커피로서 테이스팅도 가능하다고 한다. 2층에는 티룸이 마련되어 있다. 긴자점의 고전적인 분위기와는 사뭇 다르다. 여성스러운 인테리어에 둘러싸여 애프터눈 티를 즐길 수 있다.

로열 크리스털 카페	도쿄	「애프터눈 티 세트」 메뉴 1인분 / 약 33,000원(VAT 별도) ※긴자점, 지유가오카점의 메뉴는 동일.
	시간	시간 제한 없음
	다기	앤티크, 빈티지 컵
	나이프 · 포크류	스테인리스
	티 푸드	샌드위치 2종, 티푸드 5종, 페이스트리 4종, 수제 스콘 등
	잼	제철 잼
	고형크림	나카자와유업
	홍차	마리아주 프레르의 아삼 홍차 또는 아이스티에서 택일. 추가로 1잔까지 리필이 가능하다.
	우유	고온 살균 우유를 차가운 상태로 서비스한다.
	홈페이지	https://royal-crystal-cafe.owst.jp/ 메뉴 내용, 시스템, 가격, 시간 등은 변경될 수 있다. 자세한 내용은 홈페이지에서 확인해 주세요.

사진 제공 : 로열 크리스털 카페.

자연으로 둘러싸인 전원 지역의 티룸은 영국 본래의 풍경!

애프터눈 티가 귀부인의 살롱 문화에서 생겼다는 것을 알았다면, 더 깊은 이해를 위해서 영국 귀족의 저택들을 찾아다녀 보는 것도 좋을 것이다. '컨트리 하우스(Country House)'라 불리는 영국 귀족의 저택은 런던 교외의 신록으로 울창한 시골 풍경 속에 조용히 자리하고 있다. 그곳에 이르는 길은 지평선 이외에는 아무것도 보이지 않을 정도로 외길이 길게 이어진다.

그런 길가에는 티포트가 그려진 알림판이 놓인 외딴집 정원이 종종 불쑥 나타난다. 그럴 때면 과감하게 발길을 돌려 입구 앞에서 초인종을 눌러 보길 바란다. 그러면 앞치마를 두른 중년의 여성이 정원에서 하던 일을 잠시 멈추고 사람을 맞이해 줄 것이다.

이곳이 바로 영국의 시골에서 간혹 접할 수 있는 농가를 개조한 티룸이다. 이러한 티룸에서는 아침에 딴 딸기와 신선한 버터를 사용하여 갓 구운 영국식 과자들을 선보인다. 혼자 온 손님을 배려하여 안주인이 홍차를 함께 마시면서 이야기를 나누는 수도 있다.

그러한 이야기 속에서는 티룸의 안주인이 시골에 정착한 이유를 많이 들을 수 있다. 런던의 주택에 살면서 시골 생활을 동경하였다는 이야기, 남편의 퇴직에 맞춰 이곳으로 이주해 농가를 사서 개조하여 꿈에도 그리던 티룸을 열었다는 등의 이야기이다.

그런데 대화 속에서 자주 들을 수 있는 말이 바로 '컨트리사이드'이다. 영국에서 컨트리사이드는 단순히 '시골'만 의미하는 것이 아니라, 홍차, 자연, 정원 가꾸기 등 도시에서는 경험할 수 없는 향수 어린 풍경을 모두 아우르는 특별한 뉘앙스를 지닌 용어이다.

그런 그리움을 주는 컨트리사이드의 티룸에서 경험하는 '애프터눈 티'야말로 정말 소박하고 가정적이다. 아마도 안락하다는 표현이 딱 들어맞을 것이다.

탐방

드림턴 빌리지
Dreamton Village

교토의 깊은 산속에 홀연히 나타나는 영국의 시골 같은 마을!

**소비를 끊임없이 촉진하는 제조업에 회의감을 품고
새로운 무엇인가를 찾아 나서다!**

교토 가메오카(龜岡)의 산속에 영국의 컨트리사이드를 떠올리는 마을이 있다. '드림턴 빌리지(Dreamton Village)'이다.

앞뜰에는 큰 연못이 있고 벌꿀 색의 돌로 지은 작은 티룸이 푸르른 신록에 둘러싸여 있다. 빈티지 식기와 레이스를 취급하는 잡화점도 있고, 술집이 있는 하숙집, 교회 등도 있다. 빅토리아 시대 시종 복장의 점원들이 마을을 부단히 오가고 있다.

이런 분위기의 드림턴 빌리지는 영국 문화의 애호가들 사이에서도 '영국인에게도 마음의 고향'이라는 코츠월즈를 떠올리게 한다고 호평을 받고 있다. 이 드림턴 빌리지를 처음부터 기획한 사람은 일본인 여성인 마리(マリー) 씨이다.

마리 씨는 이곳을 간사이(關西) 지방에서도 알 만한 사람은 다 아는 관광지로 만들어 지금은 영국인도 방문할 정도의 명소로 성장시킨 주인공이다.

제2장 '티룸 애프터눈 티'의 매력

'영국 마을'을 세운 여성 주인공

　마리 씨는 교토의 니시진(西陣)에서 자라 고등학교를 졸업한 뒤 미술대학에 진학해 재학 중에 대기업에 디자이너로 채용되었다. 일본이 경제적으로 버블 시대였던 당시에 젊은 나이에도 불구하고 큰 규모의 프로젝트를 맡아 백화점의 쇼윈도와 매장, 이벤트 콘셉트에서부터 공간의 그래픽까지 전반적인 디자인을 맡았다. 그러던 중 마리 씨는 홀연 직장을 떠났다. 마리 씨는 그 배경에 대하여 잠시 설명해 주었다.

　"일은 매우 도전적이고 재밌었지만, 단 1엔이라도 더 많이 소비하도록 유도했어요. 한 유행이 생기면 한물가도록 만들기 위해, 또 다른 유행을 만들고, 그것을 위한 수단도 계속해서 만드는 일에 문득 회의감을 가졌답니다."

　그녀에 따르면, 물건을 판매하기 위한 수단만이 중요시되고, 기업이 지정한 물건을 잘 판매하는 능력을 지닌 사람만이 유능한 디자이너로 평가되는 시대에 점점 더 적응하기 싫어졌다고 한다. 또한 그 무렵 출산과 맞물려 직장은 잠시 중단하기로 하고 육아에 전념한 것이다.

　마리 씨는 몇 년 뒤 육아가 일단락되었을 때 프리랜서로 직장에 복귀하였다. 그리고 새로운 경험을 접해 보고 싶은 마음으로 동료들과 함께 전 세계의 여러 나라를 방문하면서 도시에서 시골까지 곳곳을 둘러보았다. 그렇지만 어느 나라에 들러서도 마뜩한 장소가 없어 괴로웠는데, 마침 만난 곳이 영국의 코츠월즈라는 작은 마을이었다고 한다.

　"코츠월즈의 마을을 아무런 생각도 없이 거닐고 있는데, 생활잡화점에서 웬 할머니가 불쑥 나왔어요. 어깨에 숄을 두르고 세월의 흔적이 엿보이는 바구니를 팔에 걸친 채로 '아유 춥네요'라고 말을 건네주었어요. 마치 오래전부터 알고 지낸 사람처럼 친숙하게요. 그 순간 '앗, 바로 이거야! 이것을 일본에 가져가 필요한 사람들에게 전해야겠다'는 생각이 문

뜩 떠오른 거예요."

그녀는 당시의 느낌을 굳이 말로 표현한다면 '국가와 국가 사이에도, 사람과 사람 사이에도 울타리도 없고 겉치레도 없는 소박한 컨트리 스피릿과도 같다'고 한다.

이때 그녀는 코츠월즈의 폭이 좁고 길쭉한 잠자리와도 같은 방의 구조인 가옥과 낡은 것이라도 애착을 갖고 함부로 편리함을 추구하지 않으면서 계속해서 사용하는 풍습이 자신의 교토와 비슷하다고 느꼈다고 한다.

마리 씨는 귀국 후 곧바로 '유메미 팩토리(yumemi-factory)'라는 회사를 교토에 설립하였다. 기획에 맞게 테마 파크를 만들고, 앤티크 소재와 건축 자재로 유럽 스타일의 오두막과 시골집을 짓고, 이동 판매차로 상품을 판매하는 것이 주요 사업 내용이었다.

교토 가메오카의 산속에 마을을 조성한 이유는?

그런데 마리 씨가 교토의 깊은 산속에 왜 영국을 떠올리는 마을을 조성한 것일까? 그녀에 따르면 이곳의 땅과 기후 때문이라고 한다.

"교토부와 가메오카시로부터 처음에는 이 땅을 사용해 재미있는 장소로 만들어 달라고 요청을 받았어요. 하지만 이 땅에 처음 들어섰을 때 안개가 많이 끼고 습기가 많아 흙과 나무의 냄새가 진동하여 마치 이곳이 영국 같다는 생각이 들었어요."

마침내 마리 씨에게도 일본에서 영국의 컨트리사이드를 만들 기회가 찾아온 것이다. 기존의 비즈니스처럼 먼저 팔아야 할 물건이 있는 것도 아니고, 오로지 땅에만 이끌려 생긴 테마파크였다. 이는 그녀가 젊은 시절에 꿈꾸어 왔던 일이다.

숙박 손님만이 들어갈 수 있는 공간. 마을 술집에서 한잔한 뒤 2층 객실에서 숙박할 수 있다.

이곳을 방문해 울음을 터뜨린 영국인

　드림턴 빌리지가 얼마나 영국 컨트리사이드의 분위기를 자아내는지 실감을 전하기 위하여 이곳에서 있었던 일화를 잠시 소개한다.

　어느 날 영국인 일행이 자전거를 타고 산을 넘어왔다. 땀을 비 오듯이 흘리면서 빌리지에 있는 티룸으로 들어가 애프터눈 티를 주문하였다. 잠시 뒤 우람한 체형의 남성이 갑자기 울음을 터뜨린 것이다. 이때 놀란 마리 씨가 궁금하여 그에게 이유를 물어본 일이 있었다고 한다.

　"삐걱거리는 나무 바닥, 하얀 벽, 낮은 천장, 집의 기울기, 스콘과 과자의 맛, 이 모두가 영국의 할머니 집을 떠올리게 해서요."

　이러한 광경에 마리 씨는 당시 '코츠월즈 컨트리사이드 분위기의 공간이 제대로 실현되었구나'라는 생각에 마음이 벅차올랐다고 한다.

　우유가 듬뿍 든 영국식 티를 찻잔에 들고 어딘가 그리움이 느껴지는 과자를 먹으면서 마음을 터놓을 수 있는 친구와 긴 수다를 즐기는 시간. 어쩌면 이것은 어린 시절에 그 남성이 느낀 따뜻하고도 평온한 분위기와도 같을 것이다. 빌리지에서 티타임은 누구나 간직하고 있는 달콤한 추억을 불러일으키는 체험의 장소이다.

　그런데 영국의 컨트리사이드를 완벽히 재현한 듯한 이 빌리지는 사실 아직 완성되지 않았다. 더 나아가 한 사람이라도 더 많은 사람이 미소를 지을 수 있도록 새로운 계획들이 나날이 진행되고 있다. 앞으로 어떤 모습을 보여 줄지 귀추가 주목된다.

스콘 여담

드림턴 빌리지

드림턴 빌리지의 '폰트 오크 티룸 레스토랑(PONT-OAK Tea Room Restaurant)'에서 선보이는 스콘은 역시 티룸의 스콘답게 큼직하다. 그리고 겉은 바삭하지만 속은 매우 촉촉하고 부드럽다. 레시피는 마리 씨가 직접 개발한 것이다. 영국 스트랫퍼드(Stratford) 마을에서 먹은 맛을 재현하고 싶은 마음에 재료의 선택부터 배합까지 수없이 시도해 완성한 것이다. 이 레시피 재현에 많은 공을 들인 그녀는 당시의 일을 들려주었다.

"말로 뭐라 설명할 수는 없지만, 스콘을 쪼갤 때 작은 조각이 뚝 떨어져 테이블에 버터 자국이 난 그 느낌이랄까. 그때 느낀 감각을 찾아 영문의 고문헌도 찾아보면서 연구했던 기억이 나요."

이 마을을 찾는 영국인으로부터 '할머니의 맛을 내는 레시피'를 알려 달라는 말을 자주 듣지만 레시피는 비밀로 엄수되고 있다. 다만 수분의 공급으로 요구르트가 들어가는 것이 핵심이라고 한다.

영국의 컨트리사이드에서 오래전부터 이어져 온 전통적인 스콘은 버터밀크를 사용하는 것이 일반적이다. 버터밀크는 한마디로 우유에서 버터를 만든 뒤 남은 액체이다.

마리 씨는 어쩌면 수입이 어려운 버터밀크 대신에 요구르트를 사용하면서 전통적인 스콘의 풍미를 내기 위하여 밤낮으로 연구에 매진한 것이 아닐까? 상상은 독자 여러분에게 맡긴다.

폰트 오크 티룸 레스토랑	교토	「애프터눈 티 세트」 1인분 / 약 20,000원(VAT 별도)
	시간	토요일, 일요일에만 개장, 시간의 제한 없음
	다기	벌리(Burleigh), 로이커컴(Roy Kirkham) 등
	포크·나이프류	빈티지 티 나이프 등
	티 푸드	샌드위치, 영국 전통 케이크, 파운드 케이크, 진저 쿠키, 미트 파이, 플레인 스콘
	잼	오리지널 블렌드 블루베리 잼, 맥케이(Mackays)의 마멀레이드
	고형크림	수제
	홍차	오리지널 블렌드 13종류에서 택일, 물은 우물물을 서비스한다.
	우유	고온 살균 우유를 차가운 상태로 서비스한다.
	홈페이지	http://dreamton.co.jp/ 메뉴 내용, 시스템, 가격, 시간 등은 변경될 수 있다. 자세한 내용은 홈페이지를 참조해 주세요.

제2장 '티룸 애프터눈 티'의 매력

컨서버토리에서의 홍차, 영국인이 동경하는 친숙한 스타일!

잡지의 지면에는 기분 좋은 햇살이 들어오는 유리 온실과도 같은 공간에 테이블이 정연하게 늘어서 있다. 그 위에는 '블루 앤 화이트(Blue and White)'의 테이블보와 식기, 그리고 가련한 작은 꽃이 장식되어 있고, 한쪽 구석에는 맛있어 보이는 과일과 잼이 듬뿍 올려진 사이드 테이블도 보인다. 이는 영국 런던에 있는 'B & B(Bed and Breakfast)' 숙소의 풍경이다.

이 온실은 대체 무엇일까? 궁금해서 조사해 보니, 그것은 '컨서버토리(conservatory)'라는 장소였다.

'집'과 '정원'을 잇는 유리 온실

자연을 사랑하는 영국인에게 정원은 없어서는 안 될 생활의 일부로서 온 가족이 편안하게 보낼 수 있는 장소이다. 대부분의 영국 주택은 손님을 맞이하는 작은 앞뜰과는 별도로 뒤쪽에 후원(後園)이 펼쳐져 있고, 거기서 애프터눈 티를 즐기거나 독서를 하는 등 편안한 시간을 보낸다.

'하루 속에 사계절이 있다'고 표현될 정도로 수시로 변하는 것이 영국의 날씨이다. 후원에서 휴식을 취하고 있을 때 갑작스레 내리는 비를 맞는 일도 드물지 않다. 날씨와 기온에 좌우되지 않고 온종일 좋아하는 정원에서 편하게 보낼 수 있는 곳이 '컨서버토리'로 일종의 유리로 둘러싸인 온실이다.

'가정(家庭)'이라는 말은 '집(家)'과 '정원(庭)'로 구성되어 있는데, 컨서버토리는 '집'과 '정원'을 잇는 공간인 셈이다. 이 컨서버토리의 어원은 '보존하다'는 뜻의 '컨서브(conserve)'에서 유래한다. 그 기원은 17세기 무렵에 귀족들 사이에서 유행한 온실형 정원 '오랑제리(Orangery)'로 거슬러 올라간다.

오랑제리는 영국에서 사치품으로 여겼던 지중해산 오렌지나무가 겨울을 날 수 있도록 (보존) 만든 온실이다. 켄싱턴 궁전의 '오랑제리(The Orangery)'와도 같이 건축물 자체가 당시의 귀족들에게는 권위의 상징이었다.

18세기 들어 과수와 채소를 재배, 보존할 뿐만 아니라 꽃과 식물 등도 기르는 컨서버토리가 유행하였다. 그러한 배경에는 '플랜트 헌터(plant hunter)'(일종의 식물 채집가)라는 직업을 가진 사람들의 존재가 있었다. 플랜터 헌터들은 일확천금을 노리고 차나무를 비롯해 아름다운 꽃과 진귀한 초목을 찾아 중국과 인도의 산속을 속속들이 누볐다.

그런 플랜트 헌터들이 동양에서 들여온 진귀하고도 아름다운 식물들을 컨서버토리에서 애지중지 기른 뒤 부와 권력을 과시하는 파티 타임에서 정중하게 선보인 것이다. 특히 희소성이 높은 동양의 난초나 양치식물 등에는 천정부지의 가격이 매겨졌다. 상류층의 사람들은 그러한 식물들을 컨서버토리에 진열하여 재력을 과시하고, 자신의 위상을 드높일 수 있었다.

귀족들에게 컨서버토리는 희귀 식물과 제철이 아닌 채소와 과일을 기를 수 있고, 아울러 사선을 넘나들며 그러한 것들을 채집하는 플랜트 헌터를 고용할 정도의 재력이 있다는 것을 상징하는 것이다.

19세기 빅토리아 시대 컨서버토리의 붐은 중산층으로까지 퍼져 일반 주택에서도 컨서버토리가 정원 일각에 작은 규모로 만들어졌다. 이윽고 컨서버토리는 실내를 연장한 공간으로, 즉 집과 정원의 중간 형태로 변화하면서 거주 공간과 융합되어 나갔다.

유리로 둘러싸인 컨서버토리에 들어서면 마치 정원 속에 있는 듯한 착각이 든다. 맑은 날에는 태양의 밝은 햇살과 따스한 온기를 피부로 느끼면서, 비 오는 날에는 물방울이 떨어지는 풍경과 빗소리를 느끼면서… 컨서버토리에서 티타임은 영국인이 동경하는 아늑함의 상징인 것이다.

이러한 컨서버토리가 있는 B & B를 한 번이라도 경험해 본 사람이라면 쉽게 잊을 수가 없을 것이다. 이곳에서 애프터눈 티와 크림 티를 즐기며, 독서삼매에 푹 빠져 보길 바란다.

컨서버토리를 소개하는 잡지의 한 페이지.

제2장 '티룸 애프터눈 티'의 매력

탐방

사쿠라 매너 하우스
佐倉 Manor House

컨서버토리에서 애프터눈 티를 즐길 수 있는 언덕 위의 티룸

비밀로 간직하고 싶은 '작은 영국'

티 애호가들이 영국의 공기가 그리워지면 자동차를 타고 작은 여행을 떠날 수 있는 공간이 일본에도 있다. 목적지는 '사쿠라 매너 하우스(佐倉 Manor House)'이다. 지바현(千葉県) 사쿠라시(佐倉市) 교외의 작지만 높직한 언덕으로 좁은 길을 따라 올라가면, 숲속에서 붉은 벽돌로 지은 영국식 건물을 만나게 된다.

이 건물을 접하면 이곳이 일본이지만 마치 영국의 컨트리사이드에 온 듯하다. 문을 열면 직원들이 따뜻한 미소로 맞이해 준다. 마치 오랜 여행길에서 집에 돌아온 듯한 편안한 분위기가 연출된다.

사쿠라 매너 하우스는 영국에서 바다를 건너온 앤티크와 빈티지의 가구류, 도자기, 잡화 등이 실내를 장식하고 있다. 벽돌로 쌓은 건물 안쪽에는 큰 컨서버토리가 펼쳐져 있고, 그곳에는 영국 도자기 브랜드 '벌리(Burleigh)'의 다기로 애프터눈 티를 즐길 수 있는 멋진 티룸이 마련되어 있다.

컨서버토리에 들어서면, 한눈에 들어오는 광경이 지붕이 뚫어지도록 뻗어 있는 큰 나무이다. 이곳을 운영하는 이와타니 요시카즈(岩谷好和) 사장에 따르면, 나무를 잘라 낼 수 없어 공존할 수 있도록 컨서버토리를 설계하였다고 한다.

이 상징적인 나무가 있어 영국의 오랑제리와도 같은 온실의 분위기뿐만 아니라 자연을 사랑하는 마음까지도 느낄 수 있다. 부지 전체에 흐르는 분위

기가 영국을 떠올리게 하는 것은 건축 자재가 모두 철저하게 영국제인 탓일까?

컨서버토리의 우아한 실내 바닥은 영국 건축 자재 기업인 '암데가(Amdega)' 제품이다. 매우 오래된 교회에 사용되어 있던 바닥재로서 이와타니 사장과 직원이 힘을 합쳐 1장씩 시공하였다고 한다. 정취 있는 V자형 헤링본(herringbone) 무늬의 나무 모자이크는 영국의 고전적인 건물에서 자주 볼 수 있는 양식이다.

그런 바닥과 잘 어울리는 빈티지 나무 테이블과 영국의 가구사인 얼콜(Ercol)의 구부린 나무 의자가 놓여 있다. 이 또한 영국의 컨트리사이드 티룸에서 자주 볼 수 있는 조합이다. 이곳에 서면 이곳이 일본이라는 사실을 잠시 잊어버린다.

영국에서 돌아온 손님이 키워 준 티룸!

사쿠라 매너 하우스는 처음에는 컨서버토리에 티룸이 없었다. 그 다음에 방문하였을 때는 홍차와 과자가 준비되어 있었다. 그리고 몇 년 전에 애프터눈 티 서비스를 시작한다는 기쁜 소식이 온 것이다.

이곳의 관리자인 니시무라(西村) 씨에 따르면, 먼 곳에서 일부러 찾아오는 분들이 조금이라도 더 편히 쉴 수 있도록 하고 싶다는 마음에 계속 변화를 모색하였다고 한다. 이어 이곳 손님들의 이야기도 전해 주었다.

"나리타 공항에 가깝기 때문인지, 가족의 일원이 항공사나 무역 회사에 근무하다 보니 영국에서 살다 왔다는 손님이 꽤 많습니다. 그분들로부터 스콘의 맛이나 우유의 서비스 방법까지 세세하게 조언을 받으며 다듬었습니다."

예를 들면, 홍차는 영국식 '골든 룰'에 따라 갓 길어 올린 물을 주전자로 끓여서 벌리 브

천장에서 쏟아지는 햇볕이 매우 기분 좋은 컨서버토리. 온실 속에서 자연의 향기와 온기를 체감할 수 있다.

랜드의 티포트로 제공한다. 영국 홍차에 빠질 수 없는 우유는 본고장의 맛에 가깝게 저온 살균 우유를 사용하고, 또한 직접적인 가열로 단백질이 변성되지 않도록 예열한 저그에 담아 서비스한다. 스콘의 레시피에 대해서는 니시마루 씨가 자신의 이야기를 덧붙였다.

"저는 호주에서의 생활이 길었기 때문에 스콘에 대해서는 크고 달콤한 아메리칸 스타일밖에 몰랐습니다. 그런데 스콘의 맛은 고형크림과 잼이 완성한다는 사실을 손님분들로부터 배웠습니다. 여러 사람으로부터 이야기를 들으면서 그때마다 직원들이 조정해 지금의 레시피가 완성됐습니다."

엄선한 영국식 스콘에 곁들여지는 것은 다카나시유업의 고형크림과 영국 하셀(Hasell) 일가에 계승되는 '데일메인 마멀레이드(The Dalemain marmalade)'로 매우 호화롭다. 애프터눈 티의 3단 스탠드에 늘어선 구운 과자도 모두 본고장 영국 티룸의 맛 그 자체이다. 그 비밀은 어디에 있을까?

위) 홍차를 우리기 위하여 주전자로 물을 정성스럽게 끓이는 모습.
아래) 벌리 브랜드의 티포트. 그 색상과 모습이 너무도 밝고 아름답다.

"과자는 이웃의 페이스트리 룸에서 만들어 줍니다. 우연히 찾아서 먹어 보았는데 너무도 맛이 있어 간곡한 요청 끝에 정기적으로 만들어 주고 있습니다."

그 페이스트리 룸의 셰프가 거친 경력을 보면 선뜻 이해할 수 있다. 런던의 셀럽들이 선호하여 붐을 일으킨 컵케이크 전문점인 '노팅 힐 케이크 앤 기프트(Notting Hill Cakes & Gifts)'가 일본에 상륙하였을 때 솜씨를 발휘해 오리지널 레시피가 국내외에서 채택되었을 정도로 기량이 출중한 사람이었다. 최근에는 사쿠라 매너 하우스의 애프터눈 티를 맛보기 위하여 먼 곳에서 찾아오는 사람의 발길이 끊이질 않는다.

벽난로를 둔 상점에서의 즐거운 쇼핑

사쿠라 매너 하우스를 찾는 고객은 여유롭게 쇼핑을 즐기거나 컨서버토리에서 편안하게 티를 마시는 일로 그곳에 머무는 것 자체를 즐기고 있다. 숍은 바이어들이 구매하러 오는 진열실도 겸비하고 있어 영국의 '팩토리 숍(factory shop)'과 같다. 가구와 식기, 소품까지 세련되게 진열되어 있어 하나하나 보고 있으면

영국 컨트리사이드의 티룸처럼 테이블이 비좁게 보일 정도로 풍족하게 선보이는 과자들. 여기서 원하는 과자를 선택해 즐기면 된다.

시간이 금방 지나간다.

　마음이 편안한 이유는 그뿐만이 아니다. 거기에는 아주 중요한 비밀이 숨어 있다. 그것은 큰 벽난로이다. 여름이 끝날 무렵에 장작 패기 등의 겨울 준비를 시작하고, 겨울이 오면 그 장작을 지펴 불을 땐다. 이웃의 할머니와 아이들은 이 벽난로의 불이 좋아 자주 찾아온다고 한다.

　이와 같이 사쿠라 매너 하우스는 일본 전국에서 열성적인 영국 애호가들이 모이는 장소일 뿐만 아니라 근교에 사는 사람들의 휴식을 위한 장소이기도 하다. 그 모습은 영국의 컨트리사이드에서 현지인들에게 오랫동안 사랑을 받는 티룸의 모습과도 너무나 비슷하다.

눈에 띄는 파란색 선반. 타이니 토리아 티룸(102쪽 참조)에도 같은 선반이 놓여 있는데, 이곳에서 도입한 것이다.

장작을 팬 모습. 겨울철 가게의 벽난로에 불을 지피기 위한 것이다.

관리자인 이와타니 씨 가족이 영국을 누비며 자신의 인맥으로 구입한 물품들을 가게에 진열한 모습. 물품들이 앤티크와 빈티지의 그릇, 포크·나이프류, 직물과 액세서리, 가구, 잡화류 등으로 매우 다양하다.

제2장 '티룸 애프터눈 티'의 매력

영국의 호수 지방에 자리를 잡은 역사적인 저택인 데일메인(Dalemain). 이 저택에서는 매년 세계 최대의 마멀레이드 경연 대회인 〈데일메인 마멀레이드 어워즈(The Dalemain Marmalade Awards)〉가 개최된다.

데일메인 저택에는 17세기부터 이어져 온 마멀레이드가 있다. 그 레시피를 저택 내에서 발견된 고문헌에서 재현한 사람은 데일메인 저택에 거주하는 하셀 일가의 안주인인 제인 하셀 메코시(Jane Hasell-McCosh) 여사이다.

그녀의 노력으로 오늘날 되살아난 데일메인 마멀레이드는 모두 수제품으로서 생산량에 한계가 있어 한때 데일메인 저택에서만 구입할 수 있었다. 이것을 사쿠라 매너 하우스에서 이젠 구입할 수 있는 것이다. 온라인 몰에서도 구입할 수 있지만, 너무도 인기가 높아 손에 넣을 수 있을지는 행운과 타이밍에 달려 있다.

일본에서 구입할 수 있는 것은 모두 5종류이며, 추천할 상품은 크랜베리와 포트 와인이 든 한정판 「크리스마스 마멀레이드(Christmas marmalade)」이다. 고(故) 엘리자베스 2세 여왕을 비롯한 거의 모든 영국인이 사랑하는 마멀레이드. 홍차와 마셔도 페어링이 아주 좋다.

마멀레이드 여담

사쿠라 매너 하우스

사쿠라 매너 하우스

지바현	「애프터눈 티」 메뉴 1세트(2인분~) / 약 68,000원(VAT 포함)
시간	제한 없음
다기	벌리의 「블루 캘리코(Blue Calico)」 시리즈 등
포크 · 나이프류	빈티지 티 나이프 등
티 푸드	샌드위치 2종, 오늘의 케이크 2종, 플레인 스콘
잼	데일메인 마멀레이드
고형크림	다카나시유업
홍차	윌리엄슨사(Williamson)의 「더치스 그레이(Duchess Grey)」 또는 실론 티인 「하이 그론(High Grown)」의 두 종류에서 택일
우유	저온 살균 우유를 따뜻하게 예열한 피처에 담아 서비스한다.
홈페이지	https://tasman-inter.net 메뉴 내용, 시스템, 가격, 시간 등은 변경될 수 있다. 자세한 내용은 홈페이지를 통해 확인해 주세요.

애프터눈 티의 새로운 형태, 유명 호스트가 대접하는 티 살롱

"오로지 잡지 편집 분야에 몸을 담아 온 제가 왜 아무런 경험도 없는 음식점을 무모하게 경영하게 된 것인지 제 자신도 잘 모르겠어요."

'스리 티어스(Three Tiers)'의 신타쿠 히사키(新宅久起) 사장이 웃으면서 하는 말이다. 그에 따르면, 티 살롱을 연 발단은 한 낡은 양옥을 접하면서부터였다고 한다. 묘한 인연으로 해군의 군의관이었던 사람이 1937년에 세웠다는 영국풍 건물을 접한 뒤 무엇인가에 등을 떠밀리듯이 '완전 예약제 애프터눈 티 전문 살롱'을 열게 된 것이다.

"처음에는 좋은 곳이 있는데 거기서 뭔가를 시작해 보라는 말을 들었습니다. 대체 뭘 하라는 건지 의아했는데, 이 건물을 본 순간 빌리지 않을 수가 없더군요. 한마디로 제가 한눈에 반한 것일지도 모르겠어요."

잡지 편집장에서 티 살롱의 주인으로!

여기서는 신타쿠 사장에 대해 잠시 소개한다. 일본에서 영국 문화의 애호가라면 모르는 사람이 없는 영국 정보 잡지 〈알에스브이피(RSVP)〉를 20여 년에 걸쳐 편집해 온 유명 편집장 출신이다.

일생의 80%를 영국 문화를 소개하는 잡지의 편집에 혼신을 기울여 온 신타쿠 사장이지만 놀랍게도 영국에 처음부터 관심이 있었던 것도 아니고, 그곳에 여행조차 가 본 일이 없다고 한다. 그 이유에 대해 신타쿠 사장은 자신을 잠시 소개하였다.

"자동차 관련 잡지를 만들고 있었는데, 우연히 영국 대사관 홍보지를 제작하게 되어 최종적으로 〈알에스브이피(RSVP)〉의 전신인 〈영국 특집〉을 창간하게 되었어요. 무언가에 이끌려 지금까지 왔지만, 지금 생각하면 기시감이 있었네요."

일본에서 〈영국 특집〉이 창간된 것은 2004년의 일이었다. 당시는 영국 문화에 관한 핵심 정보를 얻을 수 있는 매체가 많지 않던 상황이었다. 그런데 애프터눈 티와 영국 과자, 인테리어 등 생활과 음식에 관한 정보가 가득 실린 이 잡지를 사람들은 구독에 열을 올린 것이다.

당시 구독자 중에는 잡지의 지면을 보고 영국의 거리와 티룸을 찾아간 사람들이 많았다고 한다. 티 살롱에서도 소개하고, 학생들에게도 큰 인기를 끌었던 잡지였다.

그렇게 일본의 영국 애호가들을 견인해 온 신타쿠 편집장이 '티룸을 연다'는 소문이 나돌았을 때, 영국에 대해 다 아는 신타쿠 편집장이 과연 어떤 장면을 연출할 것인지에 대한 흥미와 함께, 또 한편으로는 '그 잡지를 만드는 편집장을 만날 수 있다'는 마음에 독자들 사이에서는 기대감이 부푼 것이다.

'신타쿠 스타일'이 발휘된, 19세기의 티 세리머니

2019년 7월, 신타쿠 사장이 도쿄도 메구로(目黒) 지역의 일반 주택가에 티룸을 연 것은 격식 높은 호텔 스타일도 아닌, 그렇다고 하여 소박한 티룸과도 약간은 다른, 오직 '애프터눈 티'의 전문 티 살롱이었다.

서양식 건물의 문을 열고 한 발짝 들여놓으면 거기에는 세세한 곳까지 신타쿠 사장의 스타일에 물들여진, 정취가 완전히 다른 두 공간이 펼쳐진다. 차회의 품격을 결정하는 다기도 각각의 스타일에 맞춰져 있다.

핑크색 실내 벽의 여성스러운 공간에는 스토크 온 트렌트에서 구입한 「더치스(Duchess)」, 세련된 실내 벽의 고전적인 공간에는 웨지우드의 브랜드인 「잉글리시 레이스(English Lace)」의 꽃병에 장미가 장식되어 있다.

간판에 상징물로 그려져 있는 3단 스탠드는 모양이 아름답기로 유명한 영국의 브랜드 「아서 프라이스(Arthur Price)」이다. 그 위에는 영국의 맛을 추구한 일품 오이 샌드위치와 수많은 시도 끝에 완성한 오리지널 스콘 등의 티 푸드가 줄지어 놓여 있다. 곳곳에는 취향을 돋우려고 정성껏 공을 들여 '토털 코디네이트(Total Coordinate)'를 완성해 놓았다.

여기서 결코 간과해서는 안 될 것은 신타쿠 사장의 '접객 역량'이다. 이것이 바로 애프터눈 티 전문점인 '스리 티어스'의 가장 큰 매력이기 때문이다. 이때의 접객은 일본식 대접과는 조금 다르다. 일본에서는 '안주인'이 배우자를 위하여 배후에서 손님에게 많은 음식을 준비하고, 또 부족한 것이나 미비한 것이 없는지 등을 지원한다.

　반면 19세기의 영국식 애프터눈 티에서는 전면에 나서 접객하는 주인공이 안주인이다. 안주인은 애프터눈 티가 열리는 몇 시간 동안 손님의 행복을 보장해야 하는 사명이 있었다. 따라서 손님이 따분하지 않도록 자리의 분위기를 띄우는 수완도 필요하였다.

　이때 찻잔 세트도 티 푸드도 실은 수단에 지나지 않는다. 목적은 어디까지나 그때 그 자리에 함께한 모든 사람이 마음을 나누며 행복한 시간을 보내는 것이다. 자칫하면 가문의 역사와 품격을 따지거나 전속 요리사를 서로 자랑하는 등 비교 우위를 과시하는 자리가 되기 쉬운 애프터눈 티에서 카리스마를 발휘하여 사람들을 모두 즐겁게 하는 안주인은 분명 일류 엔터테이너였을 것이다.

　신타쿠 사장이 이 티 살롱에서 여는 다과회야말로 19세기 영국 티 세리머니의 전통을 계승하고 있다고 해도 과언이 아니다. 손님들이 다 모여 '웰컴 티'가 준비되면 신타쿠 사장이 호스트로서 인사말을 올린다.

153

이 가게를 연 계기부터 오늘의 추천 홍차, 영국의 이야기 등이다. 그 숙련된 화술은 마치 만담을 듣고 있는 듯해 사람들을 폭소의 도가니로 몰아넣는다. 이 재미는 실제로 경험하지 않으면 모른다. 한마디로 '신타쿠 극장 쇼'이다.

일생에 단 한 번 만나는 인연, 애프터눈 티!

그런데 신타쿠 사장이 티 살롱에서 열정적으로 애프터눈 티나 다과회를 열게 된 데는 하나의 큰 계기가 있었다고 한다.

"티 살롱을 처음 열었을 때는 음식업의 기본도 모른 채 그저 달렸어요. 손님에게도 아마추어가 하는 일이오니 부족한 부분이 있을 수 있어 용서해 달라고 했어요."

이러한 마음가짐이었던 상황에서 신타쿠 사장의 마음에 큰 변화를 준 일이 있었다고 한다. 그 일에 대하여 신타쿠 사장은 당시의 상황을 떠올리면서 설명한다.

"어느 날 태풍 예보가 발령돼 손님들에게 전화로 취소 연락을 드렸어요. 그러자 손님들은 정말 아쉬워하면서 예약한 수개월 전부터 달력을 보면서 매일 그날을 손꼽아 기다려 왔다고 말했답니다. 전국에서 몰려오시는데, 다음은 또 언제 올 수 있을는지 잘 모르겠다는 분들이 많았어요. 그때 '아! 손님에게는 정말 이게 일생의 단 한 번 큰 이벤트였구나'라고 실감한 적이 있었어요."

그 뒤 신타쿠 사장은 티 살롱에서 다과회든지 애프터눈 티든지 간에 항상 새로운 마음으로 손님들을 열정적으로 대하게 되었다고 한다.

접객의 진수는 역시 '호스피탈러티'

티 서비스는 티포트를 들고 테이블에 찾아가는 것이다. 홍차는 티 푸드와 페어링을 고려하여 고정된 5종과 선택하는 2종의 최소 7잔을 마시게 된다. 그러면 '이렇게 많이 마시고 비교해 보는 경험 덕분에 맛의 차이를 처음으로 확연히 알 수 있었다'는 손님들의 감탄이 쏟아진다고 한다.

그런데 마지막에 선보이는 페이스트리를 먹고 다 끝났다고 손님들이 생각할 무렵 진정한 클라이맥스가 펼쳐진다. 더 이상은 먹는 것이 무리라고 생각할 무렵에 놀라운 별미들이 등장하는 것이다.

계절마다 바뀌는 제철 디저트의 서비스가 시작되는 것이다. 이튼 메스(Eton mess)와 여름철 푸딩, 스티키 토피(Sticky Toffee) 등이 매우 다채롭게 선보이는데, 손님들이 모두 더는 먹을 수 없다고 말하면서도 순식간에 접시에서 사라진다고 한다.

다 먹을 때가 되면 각 테이블에 앉아 있던 손님들 사이에도 웃음이 넘쳐나면서 일체감이 생긴다. 이렇게 약 2시간 반의 티타임을 보낸 뒤에는 위장뿐 아니라 마음도 가득 찬 상태로 귀가하는 것이다.

전국에서 모이는 영국 애호가와 홍차 애호가부터 초보자까지, 같은 공간과 시간을 공유하는 손님들 전원이 편안하게 즐길 수 있는 것도, 신타쿠 사장의 '호스피탈러티(hospitality)' 기술 덕분이다. 이것은 동양의 '차사(茶事)'로 따지면, 손님을 초대한 주인의 배려이다.

이같이 호스피탈러티의 진수를 맛보면서 애프터눈 티의 본질까지도 경험할 수 있는 명소는 일본에서도 유일무이하다. 한 잔의 홍차가 새로운 세계로 통하는 문을 열어 줄 체험의 장소인 셈이다.

신사 숙녀를 위한 격조 높은 경험의 장소!

지금까지 애프터눈 티는 단순히 홍차와 과자를 맛있게 즐기는 일을 넘어 '오감으로 즐기는 생활 예술'이라고 반복해서 이야기하였다. 또한 그런 전제 아래에서 애프터눈 티를 제대로 즐길 수 있는 사전 지식도 소개하였다.

스리 티어스는 그러한 내용을 총망라하여 경험할 수 있는 티 살롱이라 할 만하다. 티 세리머니에 초대된 기분으로 신사숙녀들은 자신의 소양을 한껏 발휘해 보길 바란다.

예약한 순간부터 이야기는 시작된다. 무엇을 입고 갈까, 드레스 코드와 티 매너를 확인하며 그날을 맞이한다. 살롱에 도착하면, 우선 주인인 신타쿠 사장에게 인사한다.

이어 건물의 건축 양식, 인테리어와 다기, 홍차와 과자 등을 보고 주인이 손님을 위하여 준비한 취향을 감상한다. 앤티크 장식품과 찻잔 세트에 대하여 자문해 보는 것도 이곳을 즐기는 좋은 방법 중의 하나이다.

이러한 일련의 과정 전체가 애프터눈 티를 즐기는 묘미이다. 풍부하면서 섬세한 감성으로 보고 느끼고 맛보는, '격조 높고 호화스러운 설렘의 경험'을 한껏 즐겨 보시길 바란다.

제2장 '티룸 애프터눈 티'의 매력

【🥄 재료】 적당량
- 생크림(유지방 함유량 45% 이상인 것)

【🥄 도구】
바닥이 두꺼운 냄비, 바닥이 편평한 내열 용기(스테인리스 또는 내열 유리 등 냄비와 겹쳐 중탕이 가능한 것), 온도계

【🥄 만드는 방법】
1. 냄비에 물을 붓고 끓기 직전까지 가열한다.
2. 내열 용기에 생크림을 넣고 중탕으로 90도까지 데운다. 표면에 크림색의 막, 즉 크러스트가 생기지만 그대로 계속 데운다.
3. 온도가 90도에 이르면 불을 약하게 줄여 90도로 1시간 동안 유지한다.
4. 불에서 내려 상온으로 식힌다. 다 식으면 냉장고에서 하룻밤 식힌다.
5. 상층부에 굳은 크림을 구멍이 뚫린 국자 등으로 건져 소독한 보관 용기로 옮긴다. 하루 정도 더 그대로 두면 완성된다.

고형크림 여담
스리 티어스

신타쿠 사장에 따르면, 수제는 확실히 맛이 훌륭하지만, 만드는 데만 3일이나 걸려 과연 계속해서 판매할 수 있을지 깊은 고민이 있었다고 한다. 그럼에도 지금은 완전히 수제로만 고형크림을 선보인다. 여기서는 특별히 스리 티어스에서 선보이는 수제 고형크림의 레시피를 소개한다.

스리 티어스	도쿄	「애프터눈 티」 1인분 / 약 65,000원(VAT 포함)
	시간	목요일~일요일 12:00~14:30
	다기	더치스, 웨지우드
	나이프·포크류	티 나이프는 앤티크, 「아서 프라이스」
	티 푸드	샌드위치 3~4종, 페이스트리 4종, 스콘 2종, 제철 푸딩
	잼	미세스 베리(Mrs. Berry)의 수제 잼
	고형크림	수제
	홍차	얼 그레이, 자몽 주스의 세퍼레이트 티(separate tea)와 기문의 향기가 풍부한 오리지널 블렌드 등의 고정 메뉴 5종 + 정산소종 등을 포함한 총 12종류에서 2종류를 선택
	우유	성분 무조정 우유(일반 우유)를 차가운 상태로 상온에 둔 뒤 서비스한다.
	홈페이지	https://three-tiers.tokyo/ 메뉴 내용, 시스템, 가격, 시간 등은 변경될 수 있다. 자세한 내용은 홈페이지에서 확인해 주세요.

Recipe | 스리 티어스의 특제
오이 샌드위치 (Cucumber Sandwich)

【🍳 재료】적당량
- 오이 1개
- 소금 약간

A 민트 잎(생것) :
   기호의 따라(다진 것)
   키리 크림치즈 :
   적당량(상온에 보관)
   레몬 과즙 : 기호에 따라
- 식빵(10쪽으로 짜른 것) 2장

영국식 애프터눈 티에 빠뜨릴 수 없는 것이 샌드위치이다. 오이라는 식품은 빅토리아 시대부터 '티 테이블의 귀족'으로 불리며 부와 권력의 상징이었다. 스리 티어스에서도 '영국식을 강조할 바에는 오이 샌드위치를 빠뜨릴 수 없다'는 생각으로 정성껏 만들고 있다.

1 오이의 양단을 자른다.

2 오이를 빵 길이에 맞게 자르고 슬라이서로 얇게 저민다.

3 용기에 키친 페이퍼를 깔고 2의 오이를 나란히 놓고 소금을 뿌린다.

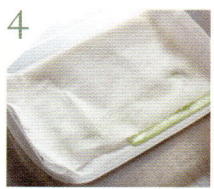

4 키친 페이퍼를 씌워 10~15분간 둔다.

5 A를 부드러워질 때까지 섞는다.

6 빵 2장에 5를 구석까지 충분히 바른다. 그 위에 오이를 올려놓는다.

7 6의 빵을 포개고 랩으로 싸 살짝 눌러 냉장고에서 30분간 재운다.

8 빵의 가장자리를 자르고 한입에 먹을 수 있도록 3cm×3.5cm 크기로 자른다. 이때 칼의 무게를 자연스레 이용하면 자를 때 빵이 찌그러지지 않는다.

제2장   '티룸 애프터눈 티'의 매력

Recipe — 영국의 전통적인 과자
레몬 드리즐 케이크 (Lemon Drizzle Cake)

레몬 드리즐 케이크(Lemon Drizzle Cake)는 영국의 전통적인 과자이다. 새콤달콤한 레몬 시럽을 '드리즐(이슬비)'과도 같이 듬뿍 뿌린 것으로서 홍차에도 매우 잘 어울리는 케이크이다.
영국의 일반 가정에서는 간단하게 만들지만, 스리 티어스의 이치노키 리에(木理恵) 셰프는 프랑스 과자에 대한 이론을 바탕으로 좀 더 예쁜 모양의 레몬 드리즐 케이크를 만들고 있다.

【🍴 재료】세로 11cm×가로 5cm×높이 5cm 크기 파운드 형틀 2개분
- 버터(무염) 80g
- 그래뉴당 80g
- 계란 80g

A 베이킹파우더 3g
　박력분 80g

B 레몬 껍질 30g
　※ 스리 티어스에서는 수제를 사용하지만,
　시판되는 것도 사용할 수 있다.
　레몬 껍질 간 것 ½개분
　리몬첼로(limoncello)적당량

C 그래뉴당 60g
　레몬 껍질을 간 것 ½개분
　레몬 과즙 ½개분

D 가루 설탕 80g
　레몬 과즙 3작은술
- 레몬 필(가니쉬용) 적당량

【🍴 사전 준비】
- 버터를 실온에 둔다.
- **A**를 체에 바친다.
- **B**를 섞어 잠시 둔다.
- 오븐을 160~165도 예열한다.

믹서에 버터를 넣고 잘 반죽한다. 부드러워지면 그래뉴당을 넣고 부드러워질 때까지 섞는다.

1에 계란을 여러 차례에 걸쳐 나누어 넣고 하얗고 부드러워질 때까지 섞는다. 이때 반죽이 분리되지 않도록 주의한다.

2에 B를 넣고 잘 섞는다.

체에 밭친 A를 3에 한 번에 넣고 고무 주걱으로 윤기가 날 때까지 잘 섞는다.

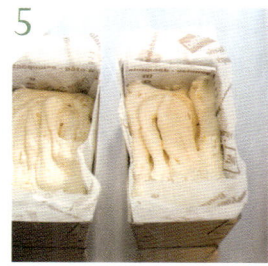
짤주머니에 4를 넣고 오븐 시트를 깐 파운드 틀에 짜내 표면을 고르게 한다.

5를 예열해 둔 오븐에 20~30분간 굽는다. 꼬치를 찔러 보고 반죽이 묻어나지 않으면 성공.

C를 섞어 솔로 6의 표면에 바른다.

D를 섞어 아이싱을 만들고 케이크 위로 골고루 뿌린다. 레몬 껍질을 가니쉬로 장식하고 마무리한다.

제2장 '티룸 애프터눈 티'의 매력

19세기 빅토리아 시대의 애프터눈 티 메뉴를 재현

공작에게 보낸 편지

　제7대 베드퍼드 공작부인 애나 마리아로부터 시작된 애프터눈 티. 초기에는 공복을 달래기 위하여 홍차와 버터를 바른 빵으로 시작되었는데, 친구를 초대하면서 티 비스킷과 퍼티 푸르 등도 곁들이기 시작하였다.
　애나 마리아는 천성적으로 사교가로서 손님을 매일같이 초대하는 일을 즐겼다. 특히 '빅토리아 여왕을 초대한 워번 애비의 애프터눈 티'라는 평판은 순식간에 귀족 사회로 퍼져 상류층의 많은 유명 인사들이 잇달아 저택을 방문하였다.
　사실 그녀의 일기에는 애프터눈 티에 관한 기록이 7000회 이상이나 등장하며, 1859년

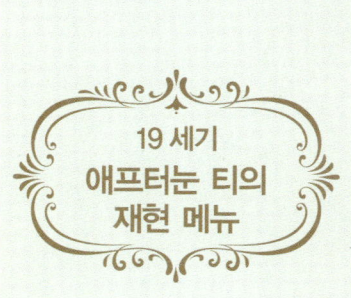

19세기 애프터눈 티의 재현 메뉴

샌드위치 5종
오이 & 민트
체다 치즈 & 차이브 버터(Chive Butter)
에그 & 크레스(Egg and Cress)
훈제 연어 & 파슬리
로스트 비프 & 크레송(cresson)

드롭 스콘 1종

페이스트리 6종
빅토리아 스폰지
배튼버그(Battenberg) 케이크
프린스 오브 웨일스 케이크
잉글리시 마들렌
과일 타르트
에클레르(Éclair)

비스킷 6종
퍼티 푸르
아몬드 쉐이빙(Almond Shaving)
솔즈베리(Salisbury) 비스킷
바닐라 쇼트브레드
잼 타르트
벨포드

(위) 과자, 과일 등을 담는 은제 장식품인 '이펀(epergne)'은 프랑스 궁정의 왕족이나 귀족들의 애용품으로 당시 상류층 부인들이 동경하는 물건이었다.
(중앙) 스털링 실버 위에는 티 캐디와 캐디 스푼.
(아래) 스털링 실버 티 세트. 티포트의 손잡이 부분이 파인애플 문양으로 세공되어 있어 빅토리아 시대풍이 묻어 난다.

에는 1만 2000명에 달하는 손님들을 초대하였다는 기록이 있다. 초대가 늘어남과 동시에 메뉴의 개발도 더해져 종류와 가짓수도 점점 더 늘어났다.

이번에 19세기의 애프터눈 티를 재현하기로 하면서 어쩌면 저택에 레시피가 남아 있을지도 모른다는 생각에 약간의 기대를 걸고 워번 애비에 현재 거주하는 제15대 베드퍼드 공작에게 편지를 부쳐 보았다.

제2장 '티룸 애프터눈 티'의 매력

Sandwiches 샌드위치

오이 & 민트,
체다 치즈 & 차이브 버터,
에그 & 크레송, 훈제 연어 & 파슬리,
로스트 비프 & 크레송.

애프터눈 티에 선보이는 샌드위치는 '티 샌드위치(tea sandwich)'로 불리며 여성의 가느다란 손가락 끝으로 집어 한입으로 먹을 수 있는 3cm 정도의 크기가 기본이다. 빵은 화이트와 브라운의 두 종류를 준비해 얇게(두께 약 6.3mm 이하) 자른다. 필링은 전통적인 오이부터 시작해 해산물, 채소 등 5~6종류를 준비하는데, 이때 주의할 점은 최대한 얇게 만든다.

스콘
Scones

이번에는 오븐을 사용하지 않고 제과용 번철로 굽는 옛 방식의 드롭 스콘을 재현하였다(99쪽 참조).
스콘은 샌드위치를 다 먹었을 즈음에 맞춰 구워 따뜻한 상태로 손님에게 서비스한다. 뒤쪽에 보이는 은제 도구는 '스콘 워머(scone warmer)'라는 전용 은기이다. 접시를 빼고 아래 그릇에 온수를 넣어 뚜껑을 덮으면 열전도로 전체가 데워져 보온 상태로 테이블에 서비스할 수 있다.

참조 고서 :
『빅토리아 시대의 케이크 북
(The Victorian Book of Cakes)』

중산층이 동경한 애프터눈 티

애프터눈 티의 스타일은 하나가 아니라 계층마다 차이가 있다. 귀족의 사교에서 시작된 우아한 관습은 빅토리아 시대 후기가 되면 계층을 넘어 확산하여 귀부인을 동경한 중산층의 여성들이 재빨리 흉내를 내기 시작했다.

마음이 설레면서 애프터눈 티에 관한 서적이나 잡지를 읽고 이것저것 상상하면서 본 대로 흉내를 내며 애프터눈 티를 개최한 그런 장면을 상상만 해도 가슴이 설렌다.

어쩌면 애프터눈 티라는 새로운 문화를 진심으로 즐겼던 것이 중산층의 여성들이 아닐지 속으로 생각이 든다. 그런 중산층의 여성이 된 기분으로 '돋보이도록 정성껏 준비한 애프터눈 티'를 주제로 재현해 보았다.

제2장 '티룸 애프터눈 티'의 매력

Pastries
페이스트리

빅토리아 스폰지.

배튼버그 케이크.

동경한 빅토리아 시대 티의 재현

　19세기 애프터눈 티를 재현하면서 당시의 레시피 고서를 바탕으로 과자를 만들었다. 참고로 한 고서는 『빅토리아 시대의 케이크 북(The Victorian Book of Cakes)』. 이 고서는 19세기에서 20세기로 넘어올 때 출판된 서적을 복원한 것으로, 제과 장인들을 대상으로 하는 레시피 책이다.

　이 책에는 놀라운 점이 두 가지가 있다. 하나는 100년 전의 과자인데 현대와 그다지 차이가 없는 품질이라는 점이다. 영국 과자의 기반은 이미 이 시대에 완성되어 있었다는 사실을 보여 준다.

　다른 하나는 프랑스 과자의 레시피가 많다는 점. 앞서 소개한 바와 같이 19세기는 영국 귀족들 사이에서는 프랑스 요리나 과자야말로 세계에서 제일로 생각되던 시대이다. 영국의 제과 장인들은 이러한 책을 참고로 하여 프랑스 과자의 섬세한 제법을 습득하였다.

애프터눈 티의 과자는 식사 후에 즐기는 디저트와는 확연히 구별된다. 손으로 집어서 한 입에 먹을 수 있는 핑거 푸드가 기본이다. 생과자나 구운 과자, 그리고 티 비스킷을 포함하여 최소 3종류 이상이 준비된다. 누리는 신분 계층이 높을수록 과자의 가짓수도 증가한다. 과자의 크기는 작았는데, 파운드 케이크(pound cake)의 슬라이스인 경우에는 8mm 이하, 홀 케이크(whole cake)의 경우에는 4cm 이하, 타르트나 슈 등도 한입에 들어가는 크기인 약 3cm 정도가 기준이었다.

프린스 오브 웨일스 케이크, 잉글리시 마들렌, 과일 타르트, 에클레르.

옛 방식을 추구하다!

레시피는 굳이 현대식으로 정리하지 않고 최대한 옛 방식에 충실하여 재현하도록 유의하였다.

마지팬(marzipan)이나 아몬드 파우더도 처음부터 손수 만들고, 옛날 방식으로 나무 주걱이나 포크를 사용해 섞어 만들었다. 이때 고민에 빠뜨린 것이 푸드 색상이었다.

예를 들면, 영국 전통 과자인 '배튼버그 케이크'를 만드는 방법으로는 "반죽을 붉은색으로 물들인다"고만 기재되어 있다. 붉은색이라 할 때 먼저 떠오른 것이 '비트'였다.

채소인 비트를 건조하여 가루로 만들어 넣어 보았지만 구울 때 색상이 날아가 생생한 핑크색이 나타나지 않았다. 한층 더 문헌을 조사해 보니 놀랍게도 이 당시에 이미 식용 색소가 사용되고 있었다는 사실이다.

제2장 '티룸 애프터눈 티'의 매력

Biscuits 비스킷

빨간색은 깍지벌레라는 작은 곤충의 암컷을 골라 가루로 만든 천연 색소인 '카마인(carmine)'으로 기재되어 있었다. '세상에 곤충이라니!'라며 놀랍게 생각될 수도 있지만, 실은 오늘날에도 '코치닐(cochineal)'이라는 색소로서 보편적으로 사용되고 있다.

빅토리아 시대 고서에서 배우는 전통과 세련미

앞서 언급한 제15대 베드퍼드 공작에게 띄운 편지가 반년이 지났을 무렵이었다. 공작의 비서관으로부터 '조사해 보겠다'는 내용의 회신을 받았지만 아쉽게도 아직 도착하지 않았다. 다만 그 편지 속에는 '참고가 될지 모르겠지만, 런던에 있는 빅토리아 앤 앨버트 박물관(Victoria and Albert Museum)의 티룸에서 19세기 애프터눈 티를 재현한 메뉴를 제공하고 있다'는 정보가 기재되어 있었다. 그 뒤 박물관 측과 약속을 잡고 항공권도 예약한 상태였지만, 갑작스러운 '코비드(COVID) 19'의 대유행으로 영국 방문은 무기한 미루어졌다.

고귀한 다과회에는 티 비스킷이 항상 등장한다. 이러한 관습은 영국에 티가 유입된 17세기부터 계승되는 전통이다. 당시 비싼 설탕과 흰색 밀가루를 듬뿍 사용한 비스킷과 홍차의 페어링은 사치의 극치로 여겨졌다.

애프터눈 티에 선호된 비스킷은 프랑스어의 '작은 오븐'에서 유래하는 '프티 푸르(petit four)'라는 섬세한 티 비스킷이었다. 새하얀 고운 밀가루에 설탕과 버터를 듬뿍 섞어 입안에서 사르르 녹아 버리는 가벼운 식감으로 만든다. 이토록 화려한 티 비스킷은 전용 은기에 담겨 티 테이블을 장식하였다.

티 비스킷용 은기.

대신에 영국으로부터 문헌과 자료를 들여와 꼼꼼히 읽으면서 은기와 식기를 마련하고 과자를 구워 티 테이블을 코디네이팅하는 방식으로 재현이 진전되어 나갔다. 19세기의 고서는 단순 레시피가 아니라 그 시대의 많은 내용을 이야기하고 있었다.

영국이 가장 화려하였던 빅토리아 시대의 다과회인 '빅토리아 티타임(Victorian Teatime)'의 장면들을 엿볼 수 있었을 뿐 아니라 한 시대를 풍미한 영국 여성들의 생생한 숨결까지 느낄 수 있어 생활 예술의 소중함과 깊이를 추체험할 수 있었다.

빅토리아 시대 애프터눈 티에 사용된 마호가니목 3단 스탠드.

사단법인 한국티(TEA)협회 인증
티소믈리에 & 티블렌딩 전문가 & 티베리에이션 전문가
교육 과정 소개

글로벌 시대에 맞는 티 전문가의 양성을 책임지는
한국티소믈리에연구원

티소믈리에 1급, 2급 자격증 과정
- 티소믈리에 2급
- 티소믈리에 1급

티블렌딩 전문가 1급, 2급 자격증 과정
- 티블렌딩 전문가 2급
- 티블렌딩 전문가 1급

티베리에이션 전문가 1급, 2급 자격증 과정
- 티베리에이션 전문가 2급
- 티베리에이션 전문가 1급

■ **티소믈리에** 고객의 기호를 파악하고 티를 추천하여 주거나 고객이 요청한 티에 대한 특성과 배경을 바로 알아 고객에게 추천하는 전문가.

■ **티블렌딩 전문가** 티의 맛과 향의 특성을 바로 알아 새로운 블렌딩티(Blending tea)를 만들 수 있는 지식과 경험을 갖춘 전문가.

■ **티베리에이션 전문가** 티를 베이스로 하고 다양한 부재료를 넣어 새로운 색(色), 향(香), 미(味)를 창조할 수 있는 전문가.

홈페이지 : www.teasommelier.kr
문의 : 02) 3446-7676
카카오톡 채널 : ㉿한국티소믈리에연구원

온라인 한국티소믈리에연구원
온라인 **티 전문 교육** 사이트!
teaonline.kr

온라인 '티소믈리에·티블렌딩·티베리에이션 전문가' 자격증 교육 사이트 teaonline.kr!

국내 최초 티(Tea) 전문 교육 연구 기관인
한국티소믈리에연구원(원장 정승호)에서 시간과 장소의 제약 없이
티 전문 자격증 교육을 받을 수 있는
'온라인 한국티소믈리에연구원(teaonline.kr)'.

- 티블렌딩 전문가 자격증 과정
- 티소믈리에 자격증 과정
- 티베리에이션 전문가 자격증 과정
- 원데이 클래스 등

온라인 한국티소믈리에연구원 교육의 장점!

- 사단법인 한국티협회, 한국티소믈리에연구원이 공동 주관해 한국직업능력개발원에 정식 등록된 국내 최다 배출 티 전문 민간자격증으로 각종 취업, 창업 등에 활용 가능!
- 시간과 장소에 구애를 받지 않고 '국내외'에서 '편리한 시간대'에 PC와 모바일 등 다양한 기기로 교육 이수 가능!
- 온라인 과정 수료 후 별도의 자격시험을 거쳐 '티소믈리에 2급, 1급', '티블렌딩 전문가 2급, 1급', '티베리에이션 전문가 2급, 1급'의 자격증 취득 가능!

※ 한편, 온라인 티소믈리에, 티블렌딩 전문가, 티베리에이션 전문가 자격증 과정에 대한 자세한 정보는 홈페이지(teaonline.kr 또는 www.teasommelier.kr)를 통해 확인할 수 있다.

한국 티소믈리에 연구원

출간 도서

티 세계의 입문을 위한
국내 최초의 '티 개론서'

티의 역사·테루아·
재배종·티테이스팅 등

전 세계 티의 기원, 산지, 생산, 향미, 테이스팅을
과학적으로 체계화한 개론서이다!

영국 찻잔의 역사·
홍차로 풀어보는 영국사

티소믈리에를 위한
영국식 홍차 문화 이야기 시리즈 제1권

서양 티의 시작에서부터 영국 도자기 산업의 탄생, 애프터눈 티의
문화, 찻잔과 홍차의 미래상을 소개한다.

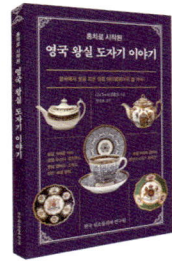

홍차로 시작된
영국 왕실 도자기 이야기

홍차의 나라 영국에서 꽃을 피운
명품 테이블웨어의 총 역사!

로열크라운더비, 로열우스터, 웨지우드, 스포드, 민턴, 로열덜턴
등 세계적으로 유명한 영국 왕실 조달 도자기 업체들의
어제와 오늘의 역사, 문화, 전통, 명작품들을 직접 선보인다!

티소믈리에가 만드는 티칵테일

티·허브·스피릿츠, 그 절묘한 믹솔로지!

역사상 가장 오래된 두 음료, 티와 칵테일을
셰이킹해 티칵테일을 만드는 실전 가이드!
다양한 향미의 티와 허브, 생과일,
칵테일의 환상적인 셰이킹을 소개한다.

세계 티의 이해
Introduction to tea of world

세상의 모든 티, 티의 역사와 문화,
티를 즐기는 세계인, 티 여행 명소,
다양한 티 레시피,
그리고 그 밖의 모든 티들을 소개한다.

티 아틀라스
WORLD ATLAS OF TEA

티 세계의 로드맵! '커피 아틀라스'에 이은
〈월드 아틀라스〉 시리즈 제2권!

전 세계 5대륙, 30개국에 달하는 티 생산국들의 테루아,
역사, 문화 그리고 세계적인 티 브랜드들을 소개한다.

THE BIG BOOK OF KOMBUCHA
콤부차

북미, 유럽을 강타한 콤부차인 DIY 안내서!

이 책은 왜 콤부차인가에서부터 콤부차의 발효법,
다양한 가향·가미법, 콤부차의 요리법, 콤부차의 역사를
상세히 소개한다.

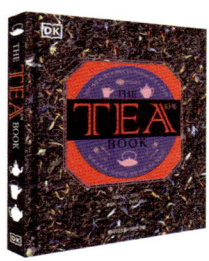

THE TEA BOOK _ 티북

티의 초보자, '차린이'를 위한 티의 기초 입문서!
사단법인 한국티협회가 선정한 '티, 티잰'의 기초 입문 도서!

전 세계의 티와 티잰의 산지에서 테루아, 역사, 문화, 소비,
최신 건강 트렌드, 100여 종에 달하는 티 및 티잰의
푸드 레시피까지!

기초부터 배우는 보이차

사단법인 한국티협회
'보이차 마스터' 과정 지정 교재

보이차 가공, 보이차 유명 브랜드 20개 업체를 비롯해
보이차의 역사, 산지, 무역 등 보이차의 세계를
시대적으로 일목요연하게 개관한 입문서.

체질별, 증세별로 대응하는 한방 처방
한약재와 한방약 도감 사전

우리의 몸과 마음을 지키는
생활 속 한약재 119종의 도감 사전!

체질별, 증세별로 대응하는 298종의 내용·외용 한방약을
총망라한 생활 한방의학의 입문을 위한 가이드 북!

호레카(HoReCa) 속의
Afternoon Tea
호레카 속의 애프터눈 티

2023년 9월 12일 초판 1쇄 발행

저　　　자	후지에다 리코(藤枝理子)
펴　낸　곳	한국티소믈리에연구원
출 판 신 고	2012년 8월 8일 제2012-000270호
주　　　소	서울시 성동구 아차산로 17 서울숲 L타워 1204호
전　　　화	02)3446-7676
팩　　　스	02)3446-7686
이　메　일	info@teasommelier.kr
웹 사 이 트	www.teasommelier.kr

펴　낸　이	정승호
출 판 팀 장	구성엽
디자인/인쇄	㈜지엔피링크

한국어 출판권 ⓒ한국티소믈리에연구원(저작권자와 맺은 특약에 따라 검인을 생략합니다)

ISBN 979-11-85926-81-0

값 18,000원

이 책은 저작권법에 따라 보호를 받는 저작물이므로 무단 전재와 복제를 금지하며, 이 책 내용의 전부 또는 일부를 이용하려면 반드시 저작권자와 한국 티소믈리에 연구원의 서면 동의를 받아야 합니다.